Al tanto

Catorce cuentos contemporáneos
Fourth Edition

Gene S. Kupferschmid
Boston College

Houghton Mifflin Company   Boston   New York

Director, Modern Language Programs: E. Kristina Baer
Development Manager: Beth Kramer
Assistant Editor: Rafael Burgos-Mirabal
Packaging Services Supervisor: Charline Lake
Manufacturing Manager: Florence Cadran
Marketing Manager: Patricia Fossi

Cover Design: Harold Burch Designs, NYC

CREDITS

The author and editors would like to thank the following authors and publishers for granting permission to use copyrighted material:

"Cassette" by Enrique Anderson Imbert, from *Narraciones completas*, Vol. II. Copyright © 1990. Reprinted by permission of Ediciones Corregidor.

"Memoria electrónica" by Mario Benedetti, from *Despistes y franquezas*. Copyright © Mario Benedetti. Reprinted by permission of Mercedes Casanovas Agencia Literaria S.L.

Text credits continue on page 179. Art credits appear on page 180.

Printed in the U.S.A.

Library of Congress Catalog Card Number: 98-72055

ISBN: 0-395-90406-4

123456789-CRS-02 01 00 99 98

Contents

To the Instructor

Al tanto: Catorce cuentos contemporáneos, Fourth Edition, is an anthology of short stories designed to introduce literature into the language classroom as early as the third or fourth semester of college, or the fourth or fifth semester of high school. The purpose of this text is to present a varied selection of short stories by contemporary authors from different parts of the Spanish-speaking world. The focus of *Al tanto: Catorce cuentos contemporáneos* is primarily on language acquisition, reading comprehension, and communicative proficiency, rather than on literary analysis. All the stories appear as they were originally published; none has been abridged, adapted, or edited in any way.

A number of features distinguish the fourth edition of this book from the previous one.

- The five stories that are new to this edition represent the works of outstanding contemporary Spanish, Latin American, and Hispanic-American writers.

- Two stories from the previous edition have been moved to a different level. This decision was based on information given to me by the helpful instructors who have used this book and from my own students.

- A second reading strategy has been added to all the stories.

- Some of the reading strategies, background cultural information, and comprehension clues have been revised, again based on the experience of using the book. As in previous editions, the purpose of these elements is to focus students' attention as they read, encourage acquisition of reading skills, stimulate interest, and make the selections more accessible.

- In some stories that appeared in a previous edition, new activities have been added and others have been changed. More pair or group and task-based activities in varying formats are provided throughout the book. These activities are designed to create a more interactive classroom and to encourage critical thinking.

- The thematically related photo or work of art that functions as an introduction to the story has also been changed. However, their purpose remains the same: to introduce students to the arts and artists of

Spain, Latin America and the Hispanic community of the United States. The caption under each illustration not only suggests an additional and helpful reading strategy but also enables students to visualize the relationships and objectives of literature and the fine arts.

- As in previous editions of this book, each story is introduced with a paragraph about the author, which indicates the country of origin and offers either a few salient facts or more extensive background information that will facilitate comprehension. Biographical information is deliberately brief because the focus is always on the story. Students who are interested in knowing more about an author or in reading more of his or her work can be encouraged to use the library, do a special project, or present a report.

Level and selection of stories

As shown in the Contents, the stories are grouped according to three general levels of difficulty. Levels were determined by the length of the selection, complexity of syntax, use of regionalisms, and the number of new or unusual vocabulary items per paragraph. Students may read the stories sequentially within a unit or in an order determined by class interest, thematic unity, or time limitations.

Stories were chosen for this anthology according to the following criteria:

1. **Interest level.** The stories reflect the experience, previous knowledge, interests, and concerns of today's students.

2. **Length.** The stories in the first section are relatively short, thereby enabling students to comprehend the content quickly and to reread the story if necessary.

3. **Linguistic accessibility**. None of the stories in this book presents major linguistic problems, such as complicated syntax or language that is more common to literary expression than to everyday discourse. It should be pointed out, however, that some of the stories by Argentine and Uruguayan writers include the "voseo" forms that are common to those countries as well as some parts of Central America.

4. **Variety.** This collection represents writers from many countries— Spain, Mexico, Argentina, Guatemala, Colombia, Uruguay, Chile, and the United States. The authors include men and women who are well-known writers and those whose names are not yet familiar to English-speaking readers; all possess literary merit. Their different styles and themes display a variety of literary expression.

Organization

Each of the fourteen stories is preceded by a vocabulary section and pre-reading activities and is followed by postreading activities. These features are described in detail in the paragraphs that follow.

Vocabulario

The active vocabulary of each story is divided into six sections:

1. **Palabras parecidas.** In this opening section, cognates are organized morphologically into three categories: nouns, verbs, and adjectives/ adverbs, given in alphabetical order. Too often students distrust even obvious cognates and look them up in the end vocabulary; they are listed here for reassurance, to let students know that they have a larger vocabulary than they realize, and to familiarize them with the Spanish spelling differences.

2. **Palabras engañosas.** False cognates are given with their English definitions. This pairing alerts students to the fact that some Spanish words may look or sound like an English word but have a meaning that is not directly parallel.

3. **Sinónimos.** Synonyms are listed in alphabetical order. This listing helps students increase their vocabulary more easily by relating a new word to one that is already familiar.

4. **Palabras nuevas.** This section lists words from the story that probably will be new to students at the intermediate level. The list is categorized into nouns, verbs, and adjectives/adverbs. Each new word is defined in English, and most appear later within a related, meaningful context. The criteria for listing new words in this subsection are: (a) the word's importance in comprehension of the story, (b) the frequency with which the word appears in other selections, (c) the frequency with which the word is used in normal, educated discourse.

   Instructors will notice that some words appear as active vocabulary in more than one story. This repetition occurs because not all instructors use every story or assign the stories in the sequence in which they are presented. Since there is no assumption that one story has been read prior to another, each vocabulary section is independent of the others.

5. **Expresiones.** Useful idiomatic expressions from the story are listed with their English equivalents.

6. **En contexto.** New vocabulary is presented in contextualized sentences or paragraphs to indicate correct usage. These may relate to the story or they may offer an entirely new context.

Actividades de prelectura

The prereading activities that follow the **Vocabulario** give students the opportunity to practice using the new words before approaching the story. This practice helps prepare students to read with increased ease, speed, comprehension, and interest. The format of these activities varies; every effort has been made to make them interactive and contextualized. Practice with synonyms, antonyms, corresponding morphological forms, personal questions, and role-plays encourages vocabulary expansion.

The **Antes de leer** prereading activity has been expanded to include two different, brief activities. The first requires students to reflect upon their own experiences or ideas, thereby evoking a response that will enable them to relate to the story on their own terms. The second, which is focused on the story, includes a reading strategy to use, a clue to follow, a task to perform, or specific points or questions to use as guidance while reading.

El cuento

Line numbers for the readings allow students and instructors to refer easily to specific phrases during class discussions. Words and expressions that students are not expected to master are defined in marginal glosses. Whenever possible, the glossed vocabulary is given in Spanish. Occasionally, a word or expression is glossed in more than one story; also, a word that is presented as active vocabulary in one story may be glossed in another. This gloss treatment provides flexibility for instructors who wish to adapt the text to their own requirements.

Actividades de postlectura

Postreading activities vary greatly in content and format. The activity immediately following each story, **Comprensión del cuento**, gives students the opportunity to check their global understanding of the selection in a variety of ways, thereby avoiding boredom and rote preparation. Because intermediate-level students' receptive skills are usually greater than their productive skills, this activity requires minimal production and focuses on an understanding of main ideas rather than specific details. At the same time, students gain practice in the proficiency objectives of narration and description. In the case of the very few stories that contain elements of fantasy, an activity is given to help students distinguish between reality and unreality. Postreading activities progress from those that require minimal production to those that encourage the creative use of Spanish in group discussions, role plays, round tables, debates, or short dramatizations. Within this last group are two or three activities that require advance preparation by the students. These activities can be assigned in one class and done in the following one, allowing the better part of the class period if the class is of substantial size. The last activity, **Temas para conversar o para escribir**, suggests several topics or questions stemming from the story that can be discussed in class or assigned for compositions.

Thematic suggestions

The following thematic and stylistic suggestions may assist instructors who create a syllabus based on cultural or topical units.

Aqueronte	Romance, relationships, adolescence.
Vino de lejos	Women, children, family

El eclipse	Understanding other cultures, language and culture, the pre-Columbian era, the Mayas
Barrio chino	Mystery, intrigue, romance
La mirada	Contemporary urban issues, crime, violence
Memoria electrónica	Humor, technology
Continuidad de los parques	Mystery, fantasy
El divorcio	Family relationships, divorce, childhood
Un día de éstos	Violence, small-town life, civil war, corruption
Cassette	The world of the future, education, entertainment
Los veinticuatro Salomones	Identity, Hispanic Americans, small-town life, humor
El ángel caído	The world of the future, ecology, fantasy
Tozlar lee a Melville	Good versus evil, drugs, high drama
Garage Sale	Immigrants' adjustment to the United States, culture contrasts, humor

To the Student

Reading strategies

Reading short stories in Spanish should be just as rewarding and enjoyable as reading in your own language, and it can be if the same strategies are applied. Keep the following suggestions in mind as you read the stories in this book, and you will notice that you read more rapidly, that you enjoy the stories more, and that your comprehension and vocabulary increase.

1. **Reading comprehension.** When reading in English, you undoubtedly come across unfamiliar words but rarely stop to look them up in the dictionary. Instead, you probably continue reading in the hope that the context will provide clues to the meaning of the unfamiliar word. You might check the word or expression in the dictionary later, or you might discover that you understand the story or article well without knowing a few of the words. The same strategy can be applied to reading in Spanish. Don't stop in the middle of a paragraph to look up the meaning of individual words, even if it means that you don't understand a sentence or two. Keep right on reading, and you might find that the meaning of the word will become clearer as the story develops or that you understand the story well without that word.

2. **New vocabulary.** Look over the **Vocabulario** quickly and make note of the words you already know, so that you can concentrate on learning the new ones. Then do the **Actividades de prelectura** to practice the new vocabulary before reading the story.

3. **Reading strategies.** The **Antes de leer** activities in the **Actividades de prelectura,** as well as the introduction and illustration that precede each story, can help you to read more quickly and easily. The illustration offers visual clues to understanding the plot or the style of a story. The introduction gives background information or clues that can enhance your comprehension. The first **Antes de leer** activity suggests a way to activate your own experiences or ideas that can help in understanding the story. The second **Antes de leer** activity gives a reading strategy—such as skimming, scanning, or predicting—that can help you read fiction and nonfiction more quickly and easily in any language. Skimming refers to looking over the material quickly. Scanning requires a closer, more careful reading of the material.

You can usually draw upon your own experience or previous knowledge to anticipate the content of a story. It can also be helpful to look over **Comprensión del cuento,** the first **Actividad de postlectura**, before beginning the story. Because this postreading activity checks your general understanding of the story ideas, not your knowledge of specific details, it will give you some clues about what you will be reading.

4. **Read and read again.** Give yourself enough time to read each story twice. On the first reading, skim the story quickly just to get the general idea. If, at this time, you spot an unfamiliar word that does not appear in the **Vocabulario** or is not glossed in the margin, jot it down. You can look it up in the **Vocabulario** at the end of the book after you finish that first reading. Then read the story again, at your normal pace. Most stories in the first and second levels are short enough to be read twice.

5. **Don't translate.** Do not turn your reading into a translation exercise. Although Spanish and English word order are often quite similar, Spanish word order is more flexible and does not always follow the pattern of noun + verb + the rest of the sentence. Also, idiomatic expressions do not translate well. Remember that you are reading for the general story idea, not for precise details.

Vocabulary for discussing short stories

The following words will be useful when discussing the stories.

el argumento	plot
el cuento	story
el desenlace	ending, outcome
la historia	story
el/la narrador/a	narrator
el personaje	character in a literary work
el/la protagonista	main character
la trama	plot

Acknowledgments

Rare is the book that is a solitary endeavor. I would like to express gratitude and appreciation to my students and colleagues at Boston College for their participation in the classroom testing of some of these stories and for their forthright, thoughtful observations about them. I am also grateful to the many teachers who graciously shared with me their experiences using previous editions of this book. And to my editor, Rafael Burgos-Mirabal at Houghton Mifflin Company, who provided unfailingly cheerful support and invaluable assistance—¡Mil gracias!

The author and publisher also wish to express their gratitude and appreciation to the following reviewers for their generous comments on the third edition of *Al tanto: Catorce cuentos contemporáneos* and on new selections:

Linda J. Burk, *Manchester Community Technical College*

Elsa M. Gilmore, *United States Naval Academy*

Mark A. Hernández, *Grinnell College*

Miguel Novak, *Pepperdine University*

C. Michael Waag, *Murray State University*

Aqueronte

José Emilio Pacheco

Este retrato plantea muchas preguntas. ¿Quién es la muchacha? ¿Dónde está sentada? ¿En qué está pensando? ¿Por qué tiene un aire misterioso? Al mirar la cara de ella, ¿cómo contestaría Ud. estas preguntas?

Domitila, Bernardita Zegers, Chile

*T*he Mexican writer, José Emilio Pacheco, is best known as a poet, yet he is also the author of numerous short stories and several novels. His stories are characterized by ambiguous endings that either leave the reader guessing what will happen or free to imagine or invent background information or further events.

The title of this story, "Aqueronte," refers to the river Acheron of Greek mythology. It was one of the rivers of Hades that, according to legend, nobody could cross twice. When you read this "boy-meets-girl" story, try to imagine why the author chose "Aqueronte" as the title.

Vocabulario

Palabras parecidas

Sustantivos	Verbos	Adjetivos y adverbios
el diario	contemplar	armonioso/a
el estímulo	copiar	excepcionalmente
la limonada	disolver	furtivamente
el misterio	flotar	húmedo/a
la silueta	gesticular	indignado/a
la terraza	impedir	lógico/a
la timidez	intervenir	momentáneamente
	ordenar	públicamente
	repetir	silencioso/a
	servir	tímidamente
	transmitir	

Palabras engañosas ···

agitar   to stir; to agitate
intentar   to try, endeavor, attempt
largo/a   long
marcharse   to go away
el vaso   drinking glass

Sinónimos ···

el bolígrafo   la lapicera
en seguida   inmediatamente
el ventanal   la ventana grande

Palabras nuevas ···

Sustantivos

el asiento   seat, chair
la caja registradora   cash register
la cuenta   bill, check
la hoja   sheet of paper
el mensaje   message
el/la mesero/a   waiter/waitress
la mirada   look, glance
la pareja   couple

Verbos

esconder(se)   to hide (oneself)
mostrar(se)   to show (oneself)
probar   to taste; to try
sentir(se)   to feel
sonreír   to smile

Adjetivos y adverbios

bajo (*adv.*)   under
mayor   older, oldest
vacío/a   empty

Expresiones ···

a solas   alone
hacia   toward
volver a + *inf.*   to do something again

En contexto

El mesero . . .

...le **sonríe** a **la pareja** y les señala una mesa con **asientos** cómodos cerca del **ventanal**.
...anota con **un bolígrafo** lo que ellos piden.
...va **hacia** la cocina para traer la comida.
...llena **los vasos en seguida** cuando están **vacíos**.
...les **muestra** los postres.
...le trae **la cuenta** al hombre cuando se la pide.
...lleva el dinero a **la caja registradora**.

La pareja:

Ella **se siente** nerviosa.
Ellos están **a solas** en el restaurante.
El joven es **mayor** que ella.
Él le **muestra la hoja** a ella.
Ella le da **una mirada** amorosa y **esconde** la cara.
Él **agita** la limonada antes de **probarla**.
Al terminar la cena, ellos **se marchan**.

Actividades de prelectura

A. Repeticiones. En el siguiente párrafo hay cuatro sinónimos de *otra vez*. Indique cuáles son.

Era la tercera vez que el hombre miraba el reloj. Antes de mirar una vez más por el ventanal, lo hizo nuevamente. Leyó el periódico y tomó su café y después volvió a mirar el reloj y luego miró por el ventanal de nuevo. Era evidente que esperaba a alguien.

B. Las vacaciones de verano. ¿Cuáles son sus preferencias cuando Ud. está de vacaciones? ¿Qué hace Ud. durante las vacaciones? Con otra persona, háganse las siguientes preguntas y usen un antónimo de la palabra o expresión en cursiva en sus respuestas.

1. ¿Vas de vacaciones *a solas?*
2. ¿Te molestan los días *secos?*

    3. ¿Prefieres los días *cortos* del invierno?
    4. ¿Te levantas un poco *más tarde* por la mañana?
    5. Cuando un policía te pide la licencia de conducir, *¿se la escondes?*
    6. ¿Te gusta la playa cuando está *llena* de gente?
    7. Cuando sales de noche, ¿puedes comprar una bebida alcohólica si eres *menor* de 18 años?
    8. ¿Vas a ver películas que te hacen *llorar?*

C. **Una escena típica.**   Para describir una tarde típica en el Café Águila, construya oraciones lógicas emparejando frases de la Columna A con frases de la Columna B. Habrá varias combinaciones posibles.

En el Café Águila

Columna A

    1. Los clientes que tienen prisa piden . . .
    2. Otros clientes intentan llamar . . .
    3. Una señora pide . . .
    4. Hay familias, gente mayor a solas y . . .
    5. El mesero trae . . .
    6. Algunos clientes toman asientos . . .
    7. Un chico se esconde . . .
    8. Algunos jóvenes . . .
    9. Un cliente prueba la limonada y . . .
   10. El mesero le trae a un cliente . . .
   11. Los clientes que pagan con tarjeta de crédito tienen que . . .
   12. También se puede pagar en . . .
   13. Después de pagar la cuenta, el cliente . . .

Columna B

a. un vaso vacío.
b. la cuenta en seguida.
c. bajo la mesa.
d. firmar el boleto con bolígrafo.
e. servicio rápido.
f. le pone más azúcar y la agita.
g. se marcha.
h. la caja registradora.
i. la atención del mesero.
j. cerca de los ventanales.
k. una hoja con un mensaje.
l. echan una mirada hacia las chicas.
m. parejas.

D. **Preparación para leer.**   Imagine que Ud. llega a un café y ve a alguien que le llama la atención. ¿Qué le gustaría hacer? ¿Qué hace para establecer la comunicación en este caso? ¿Por qué? ¿Son diferentes las respuestas de los hombres a las de las mujeres de la clase?

E. **Y más preparación.** The first paragraph of this story sets the scene for the dramatic episode that follows. Scan it quickly and complete the following list before you continue reading.

1. el lugar . . .
2. el día . . .
3. la hora . . .
4. el tiempo . . .
5. el personaje que entra . . .
6. su manera de entrar . . .

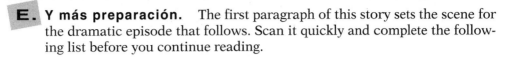

Aqueronte
José Emilio Pacheco

Son las cinco de la tarde, la lluvia ha cesado°, bajo la húmeda luz el domingo parece momentáneamente vacío. La muchacha entra en el café. La observan dos parejas de edad madura°, un padre con cuatro niños pequeños. Atraviesa° rápida y tímida-
5　mente el salón, toma asiento en el extremo izquierdo.

Por un instante se ve nada más la silueta a contraluz° del brillo° solar en los ventanales. Se aproxima° el mesero, ella pide una limonada, saca un block de taquigrafía°, comienza a escribir algo en sus páginas. De un altavoz° se desprende música gastada,
10　música de fondo° que no ahogue° las conversaciones (pero ocurre que no hay conversaciones).

El mesero sirve la limonada, ella da las gracias, echa un poco de azúcar en el vaso alargado y la disuelve haciendo girar° la cucharilla de metal. Prueba el refresco agridulce, vuelve a con-
15　centrarse en lo que escribe con un bolígrafo de tinta° roja. ¿Una carta, un poema, una tarea escolar, un diario, un cuento? Imposible saberlo como imposible saber por qué está sola ni tiene adónde ir en plena° tarde de domingo. Podría carecer° también de edad: lo mismo catorce que dieciocho o veinte años. Hay algo
20　que la vuelve° excepcionalmente atractiva, la armoniosa fragili-dad de su cuerpo, el largo pelo castaño, los ojos tenuemente ras-gados°. O un aire de inocencia y desamparo° o la pesadumbre° de quien tiene un secreto.

Un joven de su misma edad o ligeramente° mayor se sienta
25　en un lugar de la terraza, aislada° del salón por un ventanal. Llama al mesero y ordena un café. Luego observa el interior. Su mirada recorre sitios° vacíos, grupos silenciosos, hasta fijarse° por un instante en la muchacha.

Al sentirse observada alza la vista°, la retrae, vuelve a ocu-
30　parse en la escritura. Ya casi ha oscurecido°. El interior flota en

terminado

de ... **mayores**
Pasa por

a ... against the light
shine / *Se ...* **Se acerca**
block ... shorthand notebook
speaker
de ... background / drown out

haciendo ... stirring

ink

the middle of / **no tener**

hace

almond-shaped / helplessness /
　tristeza

un poco
separada

lugares / focusing

alza ... she looks up
ha ... has gotten dark

la antepenumbra° hasta que encienden la luz hiriente° de gas
neón. La grisura° se disuelve en una claridad diurna° ficticia.

    Ella levanta nuevamente los ojos. Sus miradas se encuen-
tran. Agita la cucharilla, el azúcar asentado en el fondo° se licúa
35 en el agua de limón. Él prueba el café demasiado caliente, en
seguida se vuelve° hacia la muchacha. Sonríe al ver que ella lo
mira y luego baja la cabeza. Este mostrarse y ocultarse°, este
juego que los divierte y exalta° se repite con variantes levísimas°
durante un cuarto de hora, veinte, veinticinco minutos. Hasta
40 que al fin la mira abiertamente y sonríe una vez más. Ella aún°
trata de esconderse, disimular° el miedo, el deseo o el misterio
que impide el natural acercamiento°.

    El cristal° la refleja, copia furtivamente sus actos, los duplica
sin relieve° ni hondura°. La lluvia se desata de nuevo, ráfagas° de
45 aire llevan el agua a la terraza, humedecen la ropa del muchacho
que da muestras de inquietud° y ganas de marcharse.

    Entonces ella desprende° una hoja del block, escribe ansiosa-
mente unas líneas mirando a veces hacia él. Golpea° el vaso con
la cuchara. El mesero se acerca, oye lo que dice la muchacha, y
50 retrocede°, gesticula, da una contestación indignada, se retira°
con altivez°.

    Los gritos del mesero han llamado la atención de todos los
presentes. La muchacha enrojece° y no sabe cómo ocultarse. El
joven contempla paralizado la escena que no pudo imaginar
55 porque el lógico desenlace era otro. Antes que él pueda intervenir, sobreponerse° a la timidez que lo agobia° cuando se encuentra públicamente a solas sin el apoyo°, sin el estímulo, sin la mirada crítica de sus amigos, la muchacha se levanta, deja un billete°
sobre la mesa y sale del café.

60   Él la ve salir sin intentar ningún movimiento, reacciona, toca
en el ventanal para pedir la cuenta. El mesero que se negó a°
transmitir el mensaje va hacia la caja registradora. El joven
aguarda° angustiosamente dos, tres minutos, recibe la nota°,
paga, sale al mundo del anochecer° en el que se oscurece la llu-
65 via. En la esquina donde se bifurcan° las calles, mira hacia todas
partes bajo el domingo de la honda ciudad que ocultará por
siempre a la muchacha.

Glosses (right margin):

semi-darkness / painful
grayness / *claridad* ... **luz de día**
bottom

se ... he turns
esconderse
excites / slight

still
esconder
approach
glass
énfasis / depth / gusts

muestras ... signs of restlessness / tears off
She taps

steps back / *se* ... **se va**
con ... haughtily

blushes

pull himself together / overcomes / support
bill (money)

se ... refused

espera / cuenta
dusk
se ... fork

Actividades de postlectura

A. **Comprensión del cuento.** Para recontar la historia, ponga en orden cronológico en la Columna B las oraciones de la Columna A.

Columna A

a. Cuando se aproxima el mesero, la muchacha pide una limonada.
b. El joven sonríe al ver que ella lo mira y luego baja la cabeza.
c. Él sale a la calle pero no encuentra a la chica.
d. Los gritos del mesero llaman la atención de todos los presentes.
e. El joven pide la cuenta y la paga.
f. Ella saca un block de taquigrafía y comienza a escribir.
g. Ella escribe ansiosamente unas líneas mirando a veces hacia el joven.
h. Una muchacha entra en el café.
i. El joven contempla paralizado la escena.
j. Un joven se sienta en la terraza del café.
k. La muchacha se levanta, deja un billete sobre la mesa y sale del café.
l. Mostrarse y ocultarse es un juego que los divierte.

Columna B

1. . . .
2. . . .
3. . . .
4. . . .
5. . . .
6. . . .
7. . . .
8. . . .
9. . . .
10. . . .
11. . . .
12. . . .

B. **Pensar lógicamente.** El autor del cuento ha dejado mucho a la imaginación del lector. Con un grupo de dos o tres compañeros, invente una explicación lógica para cada párrafo.

1. ". . . vuelve a concentrarse en lo que escribe con un bolígrafo de tinta roja. ¿Una carta, un poema, una tarea escolar, un diario, un cuento?"
   (¿Qué estará escribiendo la muchacha? ¿Por qué?)
2. "Imposible saberlo como imposible saber por qué está sola ni tiene adónde ir en plena tarde de domingo."
   (¿Por qué estará sola la muchacha? ¿Por qué no tendrá adónde ir?)
3. ". . . o la pesadumbre de quien tiene un secreto."
   (¿Qué secreto podrá tener la muchacha?)

4. "Entonces ella desprende una hoja del block, escribe ansiosamente unas líneas mirando a veces hacia él."
(¿Qué estará escribiendo ella en la hoja?)
5. "El mesero se acerca, oye lo que dice la muchacha, y retrocede, gesticula, da una contestación indignada . . ."
(¿Qué le estará diciendo la muchacha al mesero? ¿Por qué dará una contestación indignada el mesero?)
6. "El joven contempla paralizado la escena que no pudo imaginar porque el lógico desenlace era otro."
(¿Cuál sería el lógico desenlace que esperaba el joven?)

C. **Otro desenlace.**   ¿Está Ud. contento/a con el desenlace del cuento? ¿Hubiera preferido otro? Entonces, escriba o describa otro desenlace, empezando en la línea "Entonces ella desprende una hoja del block, escribe ansiosamente unas líneas mirando a veces hacia él" o en la línea "Los gritos del mesero han llamado la atención de todos los presentes". Ud. puede inventar un desenlace cómico, trágico o sorprendente. Hay tantos desenlaces como lectores. Ud. también puede trabajar en grupo con otras personas de la clase.

D. **Temas para conversar o para escribir**

1. ¿Qué edad tienen los chicos y cómo ésta influye en sus acciones?
2. ¿Qué relación hay entre el título y el cuento?
3. ¿Qué escribió la muchacha? Escríbalo en una hoja de papel y léalo a la clase.
4. Si yo fuera el joven (o la muchacha), yo hubiera . . .
5. La ambigüedad del desenlace: ¿es efectiva o no? ¿Por qué?

2

Vino de lejos

Carmen Kurtz

Mire la expresión en las caras de los hermanos en estos dibujos. ¿En qué estarán pensando? ¿Son niños felices? Después de leer el cuento, mire los dibujos otra vez y conteste esta pregunta: ¿Son dibujos de los niños antes o después de la llegada del hombre que vino de lejos?

Cabeza de niño/Cabeza de niña,
José Segura Ezquerro,
España/Cuba

*C*armen Kurtz was born Carmen de Rafael Marés in Barcelona, Spain, but she writes under her married name. She is the author of novels, short stories, and also children's stories. Kurtz has said of her work, "The main goal of my writing is to make it interesting. I want the story to be *apasionada*." When asked in an interview if she is a feminist, she replied, "I consider myself a humanist, not a feminist. My feminine characters are strong out of necessity." This last sentence is an apt description of the woman in "Vino de lejos."

Spain not only had colonies in the New World, but in Africa as well. The first paragraph of this story refers to Guinea, the country on the west coast of Africa that is known today as Equatorial Guinea. First colonized by Spain in 1844, it was for many years used as a dumping ground for political prisoners from Cuba, which was then also a Spanish colony. In 1898, however, after losing its two remaining colonies in the New World—Cuba and Puerto Rico—in the Spanish-American War, Spain turned its attention to the country it called Spanish Guinea. There it developed a plantation economy devoted primarily to raising cocoa beans. Because of Guinea's hot, humid, insalubrious climate and the prevalence of tropical diseases, the only Spaniards who went there were government officials, representatives of the Catholic Church, dedicated people like the doctor in this story, those who managed the cocoa plantations and a few adventurers. In 1959, Spanish Guinea became an integral part of Spain, and its inhabitants became full citizens of that country with representation in the Spanish parliament. In 1963, in response to independence movements, Spain granted autonomy to its colony. In 1968, it withdrew completely, and Equatorial Guinea became an independent republic.

Vocabulario

Palabras parecidas

Sustantivos	Verbos	Adjetivos
el permiso	abandonar	familiar
el tumulto	adquirir	pálido/a
	sufrir	

Palabras engañosas

marcharse   to go away
mayor   older; bigger; greater
resultar   to be; to turn out, result in

Sinónimos

aborrecer   odiar, detestar
aguardar   esperar
el individuo   la persona
marcharse   irse
la mujer   la esposa
el rostro   la cara

Palabras nuevas

Sustantivos

la alianza   wedding ring
la ausencia   absence
el desprecio   scorn, contempt, disdain
el labio   lip
la lágrima   tear
la sonrisa   smile

Verbos

callar(se)   to be quiet, remain silent
cumplir   to fulfill; to carry out
engañar   to deceive, cheat, mislead
sonreír   to smile

Adjetivo

menor   young, younger; least

Expresiones

los suyos   one's family; one's friends
ni siquiera   not even

En contexto

En un casamiento...

...cada familia tiene la oportunidad de ver a **los suyos.**
...todos **aguardan** pacientemente para ver a la novia.
...todos **callan** durante la ceremonia.
...los novios prometen **cumplir** sus obligaciones matrimoniales.
...los novios se dan **alianzas.**
...hay **lágrimas** en los ojos de la madre de la novia.
...pero el padre de la novia lleva **una sonrisa** grande.
...todos los invitados **sonríen,** todos tienen una sonrisa en **los labios.**
...no hay un solo **rostro** infeliz, **ni siquiera** el del ex novio de la novia.
...los invitados **mayores** miran a los **menores** que bailan.
...algunos **individuos** comen y beben demasiado.
...todo **resulta** bien.
...los invitados **se marchan** contentos.

Actividades de prelectura

A. **Preferencias personales.**   Para saber más de las preferencias o ideas de un/a compañero/a, háganse preguntas basadas en las siguientes oraciones. Al responder, usen un sinónimo de las palabras en cursiva y añadan las palabras *también* o *tampoco* si son apropiadas.

1. (No) Me gustaría *comprar* un coche nuevo.
2. *Detesto* a *los individuos* hipócritas.
3. Cuando tengo una cita con un/a amigo/a, no me gusta *esperar* más de diez minutos.
4. Yo *me voy* de aquí a las ...
5. (No) Admiro a *la mujer* del presidente.
6. (No) Creo que E.T. tiene (tenga) *una cara* muy simpática.

B. **A Ud. le toca.**   Indique si las palabras de la Columna A son un sinónimo, un antónimo o una definición de las palabras en la Columna B.

Columna A	Columna B
1. los suyos	la familia y los amigos
2. la ausencia	la presencia
3. el desprecio	el aprecio
4. los labios	la parte exterior de la boca
5. la lágrima	un líquido que sale de los ojos
6. la alianza	un anillo de casado/a
7. la sonrisa	un movimiento de la boca
8. engañar	mentir
9. resultar	ser consecuencia una cosa de otra
10. mayor	menor

C. **Preparación para leer.**   ¿Qué elementos están presentes en una reunión familiar durante una ocasión como la Navidad? Con un/a compañero/a, haga una lista de asociaciones de todo tipo.

D. **Y más preparación.**   When the paragraphs of a story are short, as they are in this story, it is easy to skim the first few to gather the information that will make reading the story easier by giving you an idea of what to expect. After skimming the first two paragraphs of "Vino de lejos," answer the following questions with *Cierto* or *Falso*. Then, after reading the story, check your answers.

En el argumento de este cuento figuran...

1. la Navidad
2. la felicidad
3. una reunión familiar
4. un regreso a casa
5. regalos
6. momentos sentimentales

Vino de lejos
Carmen Kurtz

Tres años ya de misión en Guinea, pocos blancos a su alrededor y muchos deseos de volver, de ver a los suyos.

El permiso le llegó al último momento, y le pareció imposible pensar que aquel 24 de diciembre fuera a pasarlo sentado
5 alrededor de la gran mesa familiar, con los padres, con los otros hermanos más jóvenes que él.

Llegó por la tarde, sin avisar, contento de dar la sorpresa. Pero antes de ir a su casa debía cumplir con el encargo°. No era agradable. El individuo le resultó siempre repulsivo. Era un
10 blanco, un muchacho joven, enfermo de fiebres° y constantemente borracho. En la plantación nadie le quería. Pero él, como médico, tuvo que tratarle. Por frases deshilachadas° supo que en España le aguardaban mujer e hijos a los que abandonó años antes.

15 El individuo había muerto dejando deudas°, mal recuerdo, su alianza de oro. También una pequeña foto en donde el rostro fino de una mujer aparecía al lado del de dos niños. Y un sobre° con la dirección de los suyos, de los que dejó, como si presintiera° que jamás tornaría° a su lado.

20 Tomó un taxi, acomodó en él su equipaje° y dio unas señas°. "Antes que nada —pensó— vale más° terminar con este enojoso° asunto."

Ella no esperaba a nadie.

Desde los primeros tiempos del matrimonio fue desdichada°
25 con él, como si la felicidad se le negara por lo difícil, y en todo caso resultase fuera de su alcance°. Ni siquiera los dos chicos, nacidos en aquellos primeros y únicos tres años de convivencia°, remediaron el carácter del hombre huraño° y bebedor. Aprendió a callar, a sufrir, y el día en que se supo definitivamente abando-
30 nada pensó que quizá fuera mejor así.

A los niños podría explicarles cualquier cosa: que el padre viajaba; que lo habían destinado° a un lugar malsano°, y que muy pronto regresaría para nunca más separarse de ellos.

Durante unos años, engañarles fue muy fácil. Se puso a tra-
35 bajar y la sonrisa volvió a sus labios. Una sonrisa entristecida, derrotada°, que los niños tomaron por contento.

—¿Volverá pronto papá?

—Pronto, hijos míos.

—¿Para Navidad?

Glosses (right margin):

- errand
- fevers
- disconnected
- debts
- envelope
- foresaw / **volvería**
- luggage / directions
- *vale...* it's better / troublesome
- **infeliz**
- *fuera...* out of reach
- **vivir juntos**
- surly
- **mandado** / unhealthy
- defeated

40 —Quizá llegue para Navidad.

—¿Y nos traerá regalos?

—Claro. El día que papá llegue volverá lleno de regalos.

Ni una simple carta tuvo durante los años de ausencia. El mayor de los chicos cumpliría pronto los siete años. El menor
45 tenía seis.

Preparaba la cena cuando sonó el timbre°. Dijo al mayor de los chicos:

—Abre la puerta.

El pequeño corrió tras el hermano, y ella, desde la cocina,
50 aguzó° el oído.

—¡Papá! ¡Papá! —gritaban los chicos.

Y un tumulto de frases y palabras de alegría retumbó° en la casa.

Las piernas le flaquearon°. La sonrisa se heló° en el rostro,
55 empalidecido de pronto, y tuvo que sentarse. Los gritos de gozo de los chicos le llegaban a través de° una niebla° miedosa. Creyó oír, entre los niños, la voz aborrecida del hombre que la abandonó. Y eso, no. No podía ser. Los años, si no dicha°, le aportaron° el sosiego°. Él no podía, no tenía ningún derecho a turbar°
60 de nuevo esa paz tan duramente adquirida.

Se irguió° entonces.

"Le echaré de casa —se dijo—. Ya no es nada para nosotros. Le aborrezco."

Muy pálida, con deseos de gritar siquiera una sola vez su des-
65 precio, llegó a la entrada.

Un hombre desconocido acariciaba° a sus dos pequeños, el asombro° pintado en su cara, infinita piedad° en los ojos. Buscó la mirada de la mujer, implorando silencio.

Los dos chiquillos se apretujaban° contra el recién llegado,
70 sonreían a la madre, decían a gritos:

—Papá ha llegado. Papá ha llegado.

Interpelaban° al hombre.

—Mamá dijo que llegarías en Navidad. Y que traerías regalos.

El hombre se acercó a ella, rozó° su frente con los labios.
75 Luego le pidió que secara° sus lágrimas. Y entonces dijo a los niños:

—Dejadme un momento, un momento nada más con vuestra madre. Si os portáis° bien, tendréis los regalos.

—¿Por qué ha hecho eso? —preguntó ella.
80 —No lo sé. No he tenido tiempo de pensarlo.

—¿Y qué explicación daremos a los chicos?

—Ninguna.

---

sonó... the doorbell rang

sharpened

echoed

weakened / *se*... froze

a... through / fog

joy
dieron / **tranquilidad** / disturb

Se... She straightened up

caressed
astonishment / compassion

se... pressed themselves

They appealed

grazed
dry

os... behave

—Ellos querrán que cene esta noche con nosotros. Les he estado diciendo, durante estos últimos años, que el día que su
85   padre regresara no volvería a marcharse.

—El padre de los niños no volverá nunca.

—¿Nunca?

—Nunca —repitió él.

Y le dio cuanto° dejó el hombre borracho de la plantación: la   **lo que**
90   alianza de oro y la pequeña foto.

—¿Y qué vamos a hacer? —preguntó ella entonces, con paz
nueva recién llegada a ella, dolida° por su ausencia de dolor.   pained

—Lo que ellos han deseado durante este tiempo. Me quedaré
a cenar. Me iré cuando estén dormidos.

95   —¿Y mañana?

—¿Mañana? No lo sé aún. Tenemos la noche para pensarlo.

—¿Y sus padres? Le están esperando.

—No importa.

—Les priva° de una ilusión muy grande.   deprive

100   El hombre sonrió.

—Doy una mayor a sus niños. No discuta. En casa somos
muchos hermanos, y sus chicos, en cambio°, sólo tienen un   *en...* on the other hand
padre. Quisiera el sitio° de ese padre en la cena de hoy.   **lugar**

—Era un hombre indigno° —comentó ella con voz llena de   unworthy
105   lágrimas.

—Lo sé. Pero ellos no lo saben. Por favor, no les diga nada.
Cállese una noche más y mañana veremos.

Y, ante la duda de ella, añadió:

—Se lo ruego°.   beg

Actividades de postlectura

A. **Comprensión del cuento.**   Para recontar el cuento, complete las siguientes oraciones.

1. El médico está contento porque...
2. Los niños están contentos porque...
3. El médico está soprendido porque...
4. La mujer está sorprendida porque...
5. El médico no les dice la verdad a los niños porque...
6. La madre no les dice la verdad a los niños porque...
7. El médico se queda a cenar porque...
8. La madre se preocupa porque...

B. Todos ciertos.   Con otra persona, indiquen los personajes y los aspectos del cuento que ilustran lo siguiente.

1. la bondad
2. la felicidad
3. una reunión familiar
4. el regreso a casa
5. los regalos
6. los momentos sentimentales

C. La Navidad.   El médico le dice a la mujer: "Cállese una noche más y mañana veremos". Imaginen que los chicos se han acostado después de una cena muy feliz, y que los dos mayores están hablando de lo que les dirán al día siguiente. Con una persona en el papel del médico y otra persona en el de la madre, discutan de lo que les van a decir. Después, presenten sus ideas a la clase.

D. El Año Nuevo.   Ya es una semana más tarde. ¿Cómo va a pasar el Año Nuevo el médico? ¿Cómo van a pasar el Año Nuevo la mujer y los niños? En grupos de tres o cuatro personas, escriban un párrafo para agregar al cuento.

E. Temas para conversar o para escribir

1. (Nunca / A veces) hay que engañar a los niños. (No / Siempre) hay que decirles la verdad.
2. Contraste el médico con el esposo de la mujer.
3. Cuando el médico por fin se reúne con su familia, ¿qué les cuenta?
4. ¿Cree Ud. que la madre de los niños es una mujer fuerte? Apoye su argumento con ejemplos del cuento.

El eclipse

Augusto Monterroso

Este observatorio se llama El caracol (*snail*), y está situado en México, en la antigua ciudad maya de Chichén Itzá. Desde las aberturas en las murallas, los astrónomos mayas podían observar los movimientos del sol, la luna y las estrellas. Los arqueólogos creen que el observatorio fue construido antes del siglo X, por lo menos seis siglos antes de la llegada de los conquistadores españoles. ¿Qué nos indica esto de la civilización maya?

El caracol (The Observatory), Chichén Itzá, Yucatán, México

*A*ugusto Monterroso was born in Guatemala, but has lived and worked in Mexico for many years. His stories are usually very short, often satirical or ironic, and always surprising. "El eclipse" is from his book *Obras completas y otros cuentos.*

When the Spanish conquerors arrived in the New World, they encountered three great indigenous civilizations: the Aztec, the Incan, and the Mayan. Each had well-organized and highly developed political and social structures, complex religions with a number of gods, and highly skilled builders, artists, and artisans. Both the Incas and the Mayas had developed numerical systems, and the Mayas' knowledge of astronomy and mathematics was in some ways superior to the European knowledge of that time. "El eclipse" imagines an early encounter between European culture and the indigenous civilizations of the Americas.

Palabras parecidas

Sustantivos	*Verbos*	*Adjetivos y adverbios*
el/la astrónomo/a	aceptar	arduo/a
la comunidad	conferir	brillante
el desdén	producir	cierto/a
la incredulidad	recitar	impasible
la tranquilidad	sacrificar	opaco/a
		particularmente
		vehemente

Palabras engañosas

el dominio   control
intentar   to try

Sinónimos

el/la indígena   el/la indio/a
el lecho   la cama
mediano/a   mediocre
la piedra   la roca
el rostro   la cara
la selva   la jungla

Palabras nuevas

Sustantivos

el conocimiento   knowledge
el consejo   council
la esperanza   hope
la sangre   blood
el temor   fear

Verbos

engañar   to deceive, cheat, trick, fool
prever   to foresee
valerse de   to make use of

Adjetivos

confiado/a   confident
fijo/a   fixed, set on
valioso/a   valuable

Expresión

uno/a por uno/a   one by one

En contexto

Cuando los conquistadores españoles llegaron a las Américas con **la esperanza** de encontrar tesoros **valiosos,** no podían **prever** lo que les esperaba. No podían **valerse de un conocimiento** anterior porque no había casi ninguno. Sentían poco **temor** de lo desconocido porque tenían la mirada **fija** en los tesoros del Nuevo Mundo y estaban **confiados.** Podían **engañar** a los incas y a los aztecas porque **los indígenas** nunca habían visto a un europeo. Fue así como los conquistadores conquistaron a estas grandes civilizaciones, **una por una.**

Actividades de prelectura

A. **La civilización maya.** Para saber más de la civilización maya, complete la historia siguiente con palabras apropiadas de la lista a la derecha.

La civilización maya, que alcanzó su nivel más alto en los años 300 a 1.000 d.C., fue la más . . . de todas las civilizaciones precolombinas de las Américas. Cuando los conquistadores españoles llegaron al Nuevo Mundo, la civilización maya ya estaba en decadencia. Muchas de sus magníficas ciudades, construidas de . . ., estaban abandonadas, cubiertas por la . . . . Los arqueólogos han . . . muchas teorías para explicar la desaparición de esa gran civilización, pero ninguna es . . . por todos. Sin embargo, las ciudades eran tan espléndidas que los españoles las miraban con . . . . Ellos vinieron con la . . . de descubrir oro, pero encontraron otras cosas . . . .

La . . . maya era muy avanzada en las artes y tenía profundos . . . de las ciencias abstractas como la astronomía y las matemáticas. Los astrónomos mayas . . . de su conocimiento de las órbitas de los planetas para . . . los eclipses solares y lunares. Además, conocían el concepto matemático del cero muchos siglos antes que los europeos. El calendario maya era más exacto que el calendario europeo de aquellos tiempos porque correspondía mejor al año solar.

La religión era muy importante en la cultura maya. Se creía que los dioses poderosos tenían . . . sobre la agricultura y los fenómenos naturales. Por . . . a sus dioses, los mayas . . . a seres humanos para ofrecerles su . . . .

| aceptada |
| brillante |
| comunidad |
| conocimientos |
| dominio |
| esperanza |
| incredulidad |
| piedra |
| prever |
| producido |
| sacrificaban |
| sangre |
| selva |
| temor |
| se valían |
| valiosas |

B. **Conocimiento del vocabulario.** Complete en español las frases siguientes, usando el equivalente de las palabras en inglés que aparecen en la lista siguiente. La letra de cada palabra corresponde a su equivalente espacio en blanco.

a. set on b. faces c. confident d. to deceive e. one by one

1. Al llegar a tierra, el conquistador se quedó dormido en la playa, con el pensamiento (a) . . . España.

2. Los indígenas con (b) . . . impasibles se disponían a sacrificarlo a los dioses.
3. El conquistador vio al despertar que los indígenas querían sacrificarlo y (c) . . ., intentó salvarse.
4. El conquistador pensó valerse de la ciencia europea para (d) . . . a los indígenas.
5. Su sorpresa fue oír a los indígenas recitar (e) . . . las fechas de los eclipses solares.

C. **Preguntas pertinentes.**   Con un/a compañero/a, háganse las siguientes preguntas, contestándolas con un sinónimo de las palabras en cursiva.

1. ¿Has leído algo sobre la difícil situación de los *indios* del Amazonas?
2. ¿Sabes mucho de ellos o tienes solamente un conocimiento *mediocre*?
3. ¿Sabes que algunos de ellos se pintan *la cara*?
4. ¿Sabes que no duermen en *una cama*, sino en una hamaca?
5. ¿Has estado alguna vez en *la jungla* amazónica?
6. ¿Tendrías *miedo* de viajar allí?

D. **Preparación para leer.**   Los conquistadores españoles que llegaron al Nuevo Mundo sabían muy poco de la historia, de la cultura y de las tradiciones de los indígenas que vivían allí. ¿Cuáles son algunos de los conceptos e ideas que tendrían? Con un/a compañero/a, haga una lista de éstos. Después, comparen su lista con las del resto de la clase.

E. **Y más preparación.**   Very often the first sentence or two of a story sets the scene for what is to follow. Read carefully the first two sentences of "El eclipse" and then keep the following questions in mind as you continue reading.

• ¿Se salvará fray Bartolomé?
• ¿Quién lo salvará, o se salvará él mismo?
• De salvarse él mismo, ¿cómo lo hará?

El eclipse

Augusto Monterroso

Cuando fray° Bartolomé Arrazola se sintió perdido, aceptó
que ya nada podría salvarlo. La selva poderosa de Guatemala lo
había apresado°, implacable y definitiva. Ante su ignorancia
topográfica se sentó con tranquilidad a esperar la muerte. Quiso
5 morir allí sin ninguna esperanza, aislado°, con el pensamiento
fijo en la España distante, particularmente en el convento de Los
Abrojos, donde Carlos Quinto condescendiera una vez a bajar de
su eminencia para decirle que confiaba en el celo° religioso de su
labor redentora°.

10 Al despertar se encontró rodeado por° un grupo de indígenas
de rostro impasible que se disponían a° sacrificarlo ante un altar,
un altar que a Bartolomé le pareció como el lecho en que des-
cansaría, al fin, de sus temores, de su destino, de sí mismo.

Tres años en el país le habían conferido un mediano dominio
15 de las lenguas nativas. Intentó algo. Dijo algunas palabras que fueron comprendidas.

Entonces floreció en él una idea que tuvo por digna° de su
talento y de su cultura universal y de su arduo conocimiento de
Aristóteles. Recordó que para ese día se esperaba un eclipse total
20 de sol. Y dispuso°, en lo más íntimo, valerse de aquel conocimiento para engañar a sus opresores y salvar la vida.

—Si me matáis —les dijo— puedo hacer que el sol se os-
curezca en su altura°.

Los indígenas lo miraron fijamente y Bartolomé soprendió°
25 la incredulidad en sus ojos. Vio que se produjo un pequeño con-
sejo°, y esperó confiado, no sin cierto desdén.

Dos horas después el corazón de fray Bartolomé Arrazola
chorreaba° su sangre vehemente sobre la piedra de los sacrificios
(brillante bajo la opaca luz de un sol eclipsado), mientras uno de
30 los indígenas recitaba sin ninguna inflexión de voz, sin prisa, una
por una, las infinitas fechas en que se producirían eclipses solares y lunares, que los astrónomos de la comunidad maya
habían previsto y anotado en sus códices sin la valiosa ayuda de
Aristóteles.

Brother, Friar

imprisoned

isolated

zeal
redemptive
rodeado ... surrounded by
se ... **se preparaban**

worthy

decidió

se ... darkens the sky
caught

council

was gushing

Actividades de postlectura

A. **Comprensión del cuento.**   En cada uno de los siguientes grupos hay dos respuestas correctas. Indique cuáles son.

1. Fray Bartolomé era . . .

   a. español.   b. misionero.   c. guatemalteco.

2. Fray Bartolomé estaba perdido en . . .

   a. la selva.   b. el convento.   c. Centroamérica.

3. Al sentirse perdido, fray Bartolomé . . .

   a. perdió la esperanza.

   b. se sintió aislado.

   c. decidió usar su conocimiento topográfico.

4. Fray Bartolomé se encontró rodeado por un grupo de indígenas que . . .

   a. pensaban sacrificarlo.

   b. hablaban español.

   c. lo miraban sin expresión.

5. Fray Bartolomé intentó salvarse a través de . . .

   a. su conocimiento de las costumbres indígenas.

   b. su conocimiento de la lengua nativa.

   c. lo que creía era su cultura superior.

6. Fray Bartolomé les dijo a los indígenas . . .

   a. unas palabras en la lengua indígena.

   b. que él podía hacer que el sol se oscureciera si lo mataban.

   c. que esperaba un eclipse.

7. Los indígenas lo escucharon y después . . .

   a. tuvieron un consejo.

   b. tenían mucho miedo.

   c. lo sacrificaron.

8. La sangre de fray Bartolomé chorreaba sobre la piedra porque . . .

   a. los indígenas también habían estudiado a Aristóteles.

   b. los indígenas tenían conocimiento de la astronomía.

   c. los indígenas también esperaban el eclipse.

B. **Hechos y efectos.** Explique el efecto que tuvieron los hechos siguientes en el cuento.

Hecho	*Efecto*
1. Fray Bartolomé estaba perdido en la selva.	1. Se sentó a esperar la muerte.
2. Al despertar se encontró rodeado por un grupo de indígenas de rostro impasible.	2.
3. Fray Bartolomé recordó que para ese día se esperaba un eclipse total de sol.	3.
4. Los indígenas lo miraron fijamente.	4.
5. Vio que sus palabras produjeron un pequeño consejo, y esperó confiado, no sin cierto desdén.	5.

C. **El destino de fray Bartolomé.** ¿Qué dijeron los indígenas en su consejo? Ahora el destino de fray Bartolomé está en sus manos. Formen dos consejos —uno que esté a favor de sacrificarlo y otro que esté en contra de sacrificarlo— y preparen sus razonamientos en cinco o diez minutos. Después presenten sus conclusiones a la clase y traten de convencer al otro grupo.

D. **Temas para conversar o para escribir**

1. ¿Qué hubiera hecho Ud. en el caso de fray Bartolomé en las siguientes ocasiones?
   a. Cuando se vio perdido en la selva
   b. Cuando se dio cuenta de que los indígenas podían comprenderlo
   c. Cuando recordó que aquel día había un eclipse total de sol
2. ¿Qué desconocía fray Bartolomé sobre los indígenas?
3. Hoy en día todavía hay misioneros que van a algunos países de Latinoamérica para trabajar con los indígenas que viven en la selva. Después de leer "El eclipse", ¿qué consejos les daría Ud.?

4

Barrio chino

Guadalupe Dueñas

Esta obra se llama *Intriga*. ¿Quiénes serán las dos figuras? ¿Cuál será la relación entre ellos? ¿Cuál será la intriga en que están involucrados? Piense en estas preguntas antes de leer el cuento. Después de leerlo, compare sus ideas sobre la intriga del cuento con las que Ud. cree que representa el cuadro.

Intriga, Miguel Bustingorri, España

*T*he literary work of the Mexican writer, Guadalupe Dueñas, includes several genres: short stories, essays, and a novel. Many of her essays are reminiscences of her childhood, and an interesting childhood it must have been, as she was the oldest of fourteen children. Her stories are varied in theme and tone: many include elements of both fantasy and reality, while others combine humor with pathos.

   Dueñas is a great fan of the movies, and this fondness for film is evident in the following story whose plot resembles the ones seen in old spy or espionage films. *El barrio chino* usually refers to the seedier, more sordid part of a town or city, the neighborhood frequented by underworld figures or others whose activities might be in conflict with the law or the accepted norms of society. It is a strange place, indeed, for an encounter between two lovers.

Vocabulario

Palabras parecidas

Sustantivos	*Verbos*	*Adjetivos*
la desesperación	acompañar	diminuto/a
la imprudencia	escapar	íntimo/a
la pausa	narrar	solitario/a
la repugnancia	observar	
	pronunciar	
	reflejarse	
	separarse	

Palabras engañosas

el destino destination; destiny
emocionado/a moved, touched
guardar to put away, save
preciso/a necessary

el privado bathroom
recuperar to recover
revisar to examine, inspect
el/la solitario/a solitary person
el vaso drinking glass

Palabras nuevas

Sustantivos

el ademán   gesture
la bufanda   muffler, scarf
la cabaña   cabin
el cafetucho*   sordid café
la frialdad   coldness
el guante   glove
el hombrecillo*   little man
el odio   hate, hatred
los ojillos*   little eyes
la pastilla   pill, tablet
el sobre   envelope
el sobretodo   overcoat

Verbos

acariciar   to caress
acercar(se)   to bring close, come close, approach
advertir   to warn
alejarse   to move away from, leave
callar(se)   to silence, be quiet, shut up
entregar   to deliver, hand (in, to)
pertenecer   to belong
recoger   to pick up
sentir(se)   to feel
señalar   to point out, indicate
sorber   to sip
vigilar   to watch, keep an eye on

Adjetivos y adverbios

angustioso/a   distressed, anguished
asustado/a   frightened
húmedo/a   damp, humid
igual (*adv.*)   same, alike, equal
mojado/a   wet

Expresiones

a pesar de   in spite of
salir bien   to come out all right
tener otra salida   to have another way out

En contexto

El hombre que entra al **cafetucho** . . .

...se quita **los guantes, la bufanda, el sobretodo** y el sombrero porque están **mojados.**
...**sorbe** su café.
...toma **una pastilla.**
...piensa en **la cabaña** que le **pertenece.**

---

*The diminutive suffix *-illo/a* means "little", but it can also be used in a derogatory way. The diminutive suffix *-ucho/a* implies that something is dirty, miserable, or ugly.

...espera que, **a pesar de** su premonición, todo **salga bien.**
...**siente** el viento frío.

La mujer que entra después . . .

...está **asustada.**
...**acaricia** la mano del hombre.
...le hace un **ademán** cariñoso.
...**señala** al hombrecillo de la otra mesa.
...mira con **frialdad** al hombrecillo.
...le **advierte** al hombre que no **tiene otra salida.**
...le **entrega un sobre** y él lo **recoge.**

El hombrecillo de la otra mesa . . .

...mira con **odio** a la pareja en la situación **angustiosa.**
...no dice nada. **Se calla.**
...la **vigila,** pero no **se acerca** a ellos.

Actividades de prelectura

A. **El sobre.** ¡Sea misterioso/a! Un/a compañero/a le hará las siguientes preguntas acerca de un sobre misterioso. Contéstele según las indicaciones, usando un sinónimo de las palabras en cursiva.

1. ¿Es *necesario* entregarlo a alguien?   Sí, . . .
2. ¿Me puedes *indicar* dónde tengo que entregarlo?   Sí, . . .
3. ¿Puedo *examinar* su contenido?   ¡No! . . .
4. ¿*De* quién *es?*   . . . a ese hombre
5. ¿El hombre que nos *observa?*   Sí, . . .

B. **Historia de un perro.** Para contar la historia de Bruno, el perro de la familia Pérez, complete las oraciones con la forma apropiada de uno de los siguientes verbos: **acariciar, acercarse, advertir, alejarse, entregar, pertenecer, recoger, sentirse, sorber, vigilar.**

1. Se llama Bruno y . . . a la familia Pérez.
2. Algunos niños . . . de él, pero los que no tienen miedo de los perros, se le . . . para . . . lo.

3. Bruno es muy bueno . . . la casa cuando la familia no está y si oye
   pasos de desconocidos, ladra (*barks*) para . . . a la familia. Ellos . . .
   muy contentos de tener a Bruno.
4. Por la mañana Bruno . . . el periódico y lo . . . al Sr. Pérez para que
   lo lea mientras . . . su café.

C. Lo que no pertenece.   En cada uno de los siguientes grupos hay una
palabra o expresión que no pertenece al tema. Indique cuál es.

1. los sentimientos: el amor, el odio, la repugnancia, la desesperación,
   un ademán, estar emocionado
2. la ropa: la bufanda, la cabaña, el sombrero, el sobretodo, los
   guantes
3. las sensaciones: el privado, la frialdad, estar mojado, estar húmedo
4. las comparaciones: igual, diferente, lo mismo, diminuto, grande,
   angustioso
5. formas de mantener una conversación: hacer una pausa, hablar,
   callarse de vez en cuando, narrar, tomar una pastilla

D. Preparación para leer.   ¿Qué elementos espera Ud. encontrar en la
trama de un cuento o novela de espionaje o de intriga? Escójalos de la
siguiente lista. ¿Podría Ud. añadir otros?

romance
tinta invisible
comedia
chocolates venenosos (*poisonous*)
tristeza
armas
secretos
escuchas (*listening devices*)
James Bond
drogas
nombres falsos

misterios
microfilmes
regalos explosivos
suspenso
códigos secretos
espías
violencia
Otros tres:

E. Y más preparación.   It is important to always read with questions in mind.
As you skim the first paragraph, write a list of two or three questions that
the paragraph provokes in your mind. Two possible questions are:

1. ¿Espera Julio a alguien?
2. ¿Qué función (*role*) va a desempeñar (*play*) el hombrecillo de la
   cuarta mesa?

Barrio chino

Guadalupe Dueñas

Julio llegó al café. Se acercó a la estufa°, se quitó los guantes
húmedos y los guardó en el bolsillo del sobretodo. Deslió° la bufanda, se deshizo del° sombrero. Luego fue a sentarse en la segunda mesa, justo frente al espejo. Miró el reloj, y como siempre,
5 eran las tres en punto de la tarde. En la luna° se reflejaba el
salón. Revisó con asco° el cafetucho. Dirigió la vista° a cada una
de las mesas y sintió repugnancia: mesas sucias, vasos ya sin
transparencia; en el piso migajas° y servilletas usadas. Unos
cuantos parroquianos°: aquel solitario en la cuarta mesa; tres
10 mujeres de edad°, otro solitario al fondo y otro más. La figura del
mesero a la entrada de la cocina. Buscó a la izquierda. Sólo el
hombrecillo de la cuarta mesa. La espalda del capitán con las
cuartillas embrazadas°. Un señor y un niño saliendo del privado
"caballeros" y nada más.
15 Desenvolvió° el terrón° de azúcar, lo puso en la cucharilla
mojada de café y sorbió despacio, con delectación profunda,
hasta que la cuchara vacía reflejó la punta de su nariz.
Cuando ella entró, una racha° de aire helado sopló sobre la
basura°. Los ojillos del hombre de la cuarta mesa, la siguieron
20 apasionadamente y no se le separarían más.
Julio no hizo el ademán oficial de levantarse. Ella acercó una
silla y se sentó cerca de él. Abrió nerviosamente la bolsa, sacó un
diminuto sobre y titubeó° al entregárselo. Julio estrechó° con sus
dos manos los dedos crispados° y los retuvo sin temblar. Sus ojos
25 buscaron los ojos fríos de ella, entre furibundo y amante. En
seguida recogió el sobrecillo y lo miró, lo miró. No podía escapar
a su fascinación. Sorbió de nuevo el café mientras su puño° se
cerraba con odio arrugando° aquella dádiva° tan pequeña y tan
grande que contenía una vida.
30 —¡No tenemos otra salida, Julio! —Pareció que no pronun-
ciaría una palabra más, pero aún dijo:
—Ya es demasiado tarde—. El tono de su voz se hizo angustioso. —¿Será preciso hacerlo? . . .
Recuperó su frialdad al añadir: —Ya lo han decidido todo.
35 —¿En este momento? —preguntó él, mientras acariciaba el
paquete° con descuido.
—Cuando tú quieras, pero hoy —aclaró con dureza°.
—Tienes razón. No hay escape. Lo haré y lo haré ahora
mismo —dijo estrujando° el sobre rudamente.

heater
He unwound
se ... se quitó

espejo
disgust / Dirigió ... Miró

crumbs
clientes
de ... elderly

con ... clutching a sheaf of
  paper
He unwrapped / cube

gust
rubbish

hesitated / clasped
tense

fist
crumpling / regalo

package
con ... harshly

crushing

40   —¡No!, ahora, ¡por favor! —gritó ella, e hizo ademán de
levantarse.

—Acompáñame hasta terminar. Es sólo media taza.

Ella volvió a su posición, sacó dos cigarrillos, emocionada,
los encendió y le puso a él uno en los labios. Los ojos de Julio
45 acariciaron la boca de la muchacha.

Por decir algo, el hombre preguntó si todo había salido bien,
si los pasaportes y los microfilmes habían llegado a su destino.
Ella narró los pormenores°. Él subió el tono de su voz. Ella le ad-   **detalles**
virtió de su imprudencia volviendo la cabeza para señalarle al
50 hombrecillo solitario que encarnizadamente° los vigilaba.   fiercely

—Ya lo vi —dijo él—. Ahora ya nada importa . . .

—¿Y yo . . .?

—Todo saldrá bien, querida. Estás a cubierto° con tal de que   covered
no aparezca más.

55   —¡Quién sabe! —dijo aspirando el humo° con desesperación.   *aspirando* ... inhaling smoke
Ella sabía que a pesar de todo no se libraría°, pero calló. Quiso   *no* ... she wouldn't be free
dejar a Julio siquiera° esa esperanza. Hubo una larga pausa. De   at least
pronto él sonrió:

—¡Ah, nuestra cabaña! El que llegue no entenderá la deco-
60 ración. Me temo que cambiará todo. ¿Lo has dejado igual?

—¿Quién piensa en eso?

—¡Cómo me gusta el río que suena° allá abajo en la cañada°!   sounds / ravine
La alcoba es confortable, íntima. ¿A quién reflejará el espejo en
que tú te mirabas? ¡Estábamos tan solos, tan cobijados° por el   sheltered
65 bosque! Nuestro amor tenía sentido.

—¡Calla!

—Sí, ya terminó. No hay que obstinarse°.   persist

—Todo quedó lejos. Nos observan. Debo irme.

—No te vayas. Estos minutos nos pertenecen. Ya no les im-
70 porta . . . Pues sí, fue maravilloso. ¿Te acuerdas de la primera vez
que fuimos a la cabaña?

Ella sonrió con un nudo° en la garganta°.   knot / throat

—¡Por favor! —dijo.

—Creo que estabas asustada, lo noté porque te sudaban° las   were perspiring
75 manos y levemente se estremecía° tu naricilla. Reímos mucho   *se* ... was quivering
después, también porque no podíamos bailar, tropezábamos
con° los muebles y nos emocionaba nuestro desacuerdo.   *tropezábamos* ... we bumped
                                                                                                into
—Deja eso, deja eso. Debo irme ya. . .

—¿Y lo que queda de café?

80   —Es un tiempo que ya no es para nosotros. . .

—Cierto, que seas feliz.

La mujer se levantó, lo miró entre presagios° y se volvió°   *entre* ... with foreboding / *se* ...
firme y rápida.   turned

85 Julio cerró los ojos y la oyó alejarse. Sus pasos lo hirieron° como golpes de hacha°. Sintió sobre la nuca° el aire que arrastró copos° de nieve hasta las primeras mesas. Desdobló° lentamente el sobre, sacó la pastilla, la observó sin calosfrío° y la puso en su lengua. En seguida bebió el resto del café y aun el vaso de agua.

90 El hombrecillo de la cuarta mesa, atento a la ceremonia que no duró más de lo que tardó la mujer en llegar a la puerta, se levantó, fue por su sombrero, metió la mano en la bolsa del saco°, sintió la frialdad de la pistola y la siguió.

wounded
golpes ... ax blows / nape of the
　neck / flakes / He unfolded
[sic] escalofríos ... shivers

chaqueta

Actividades de postlectura

A. **Comprensión del cuento.** Siga las sugerencias para recontar la historia.

1. Un hombre que se llamaba Julio llegó al café.
   a. ¿Cómo era el café?
   b. ¿Quiénes eran las otras personas que estaban allí?
   c. ¿Qué hizo Julio después de llegar?
2. Una mujer entró en el café.
   a. ¿Qué hizo ella al llegar?
   b. ¿Qué le entregó a Julio?
   c. ¿Cómo estaba la mujer?
   d. ¿De qué hablaron ella y Julio?
3. Ella quiso irse, pero Julio le pidió que se quedara hasta terminar el café.
   a. ¿De qué hablaron?
   b. ¿Cuál era la actitud de la mujer durante la conversación?
   c. ¿Cuál era la actitud de Julio durante la conversación?
4. La mujer salió del café.
   a. ¿Qué hizo Julio cuando ella salió?
   b. ¿Qué más ocurrió?

B. **El otro cuento.**   Nunca se sabe quiénes son Julio, la mujer o el hombrecillo de la cuarta mesa. Tampoco se sabe dónde ni cuándo ocurrió la historia, ni a qué situación se refiere. Con un grupo de tres o cuatro compañeros, escojan de las siguientes explicaciones la que prefieran y apoyen su argumento con algunos detalles del cuento. ¡No se olviden de explicar la presencia del hombrecillo de la cuarta mesa!

1. La mujer está casada con otro hombre.
2. Julio y la mujer son narcotraficantes.
3. Es un cuento de espionaje y ellos son espías.
4. Son terroristas y creen que la CIA sabe cuál es su identidad.
5. Julio y la mujer están en contra del gobierno represivo y totalitario de su país.

C. **Un minidrama.**   Forme un grupo con dos o más compañeros de clase para representar su versión del cuento en un minidrama. Invente los detalles que no estén en el cuento, pero termine su minidrama con una de las siguientes líneas:

1. —¡No tenemos otra salida, Julio! Ya lo han decidido todo.
2. —Tienes razón. No hay escape.
3. —Todo saldrá bien, querida.
4. —Estos minutos nos pertenecen.
5. —Es un tiempo que ya no es para nosotros . . .

D. **Temas para conversar o para escribir**

1. a. A mí me gusta un cuento que requiere mi participación activa para completarlo.
   b. Yo prefiero que el/la autor/a me dé todos los detalles.
2. Las técnicas que la autora utiliza para crear la tensión y para aliviarla.
3. El cuento refleja circunstancias del mundo actual. Por ejemplo . . .
4. ¿Qué lee el hombrecillo de la cuarta mesa en el periódico el día siguiente? Escriba un breve reportaje que incluya una entrevista con el mesero.

5

La mirada

Juan Madrid

Mire bien esta foto. ¿De qué país son estos adolescentes? ¿De España? ¿De los Estados Unidos? Explique su respuesta. Tal vez ellos parezcan ser norteamericanos, pero en realidad son españoles, y el fotógrafo sacó la foto en una calle de Madrid. ¿Cree Ud. que habrá adolescentes en el cuento? ¿Qué más anticipa Ud.?

Teens Hang Out, Barrio de Malasaña, Madrid, España

*A*lthough the Spanish writer Juan Madrid is best known for his novels, "La mirada" is from a recently published collection of his short stories entitled *Cuentos del asfalto*. The author recounts his brief tales of urban drama with the verbal economy and disengaged tone of a newspaper reporter or a writer of "hard-boiled" detective stories. The story you are about to read is similar to the reports that appear almost daily on the television news or on the pages of the newspaper of any large metropolis.

Vocabulario

Palabras parecidas

Sustantivos	Verbos	Adjetivos
la licencia	dedicarse	decente
el orden	defender	violento/a
la pistola		
la política		
el teatro		

Palabras engañosas

largo/a   long
mayor   older; larger
potente   strong, powerful
precioso/a   beautiful; precious

Palabras nuevas ···

Sustantivos

el arma   weapon
la garganta   throat
el juguete   toy
la juventud   youth, young people
la mentira   lie
la mirada   look
el paquete   package
el pecho   chest
el/la tendero/a   shopkeeper

Verbos

disculpar   to excuse, apologize
disparar   to shoot
enfadarse   to get angry
faltar   to lack, need
quedarse   to stay, remain
sospechar   to suspect
temblar   to tremble

Adjetivos y adverbios

descarado/a   shameless
igual *(adv.)*   same
único/a   only

Expresiones ···

darse cuenta de   to realize, notice
en cuanto   as soon as
fíjese Ud.   look here; Imagine that!

En contexto

La policía **sospecha** que ese hombre **mayor** es la persona que **disparó la pistola.** No les **faltan** pruebas. Es el **único** sospechoso que tienen. ¿Y por qué disparó? Porque no le gustó **la mirada** de los chicos que ahora tienen manchas de polvo en **el pecho** y **la garganta.**

   En cuanto la policía **se da cuenta de** que **el paquete** que llevaban los chicos no contiene **un arma potente,** el hombre comienza a **temblar** y a gritar: —¡No **se enfaden,** señores! No soy más que un pobre **tendero.** ¡No sabía que era sólo **un juguete!** ¡**Fíjense!** ¿No parece **igual** que un arma? Uds. saben cómo es **la juventud** hoy en día—. Pero la policía sabe que lo que él dice es **una mentira descarada** y le dice: —No lo vamos a **disculpar.** Ud. tiene que cerrar la tienda y **quedarse** aquí.

Actividades de prelectura

A. **Grupos de palabras parecidas.** En cada grupo temático hay una palabra que no pertenece al grupo. Indique cuál es.

1. las armas: una pistola, un paquete, un revólver, un rifle
2. partes del cuerpo: el tendero, el tendón, la garganta, el pecho
3. la juventud: la infancia, la niñez, la adolescencia, la vejez
4. un mensaje: una carta, un telegrama, una licencia, una tarjeta
5. sinónimos: descarado, precioso, lindo, bello
6. emociones fuertes: enojarse, enfadarse, ponerse furioso, disculpar

B. **Un interrogatorio.** Mientras Ud. caminaba por la calle, vio a un hombre salir corriendo de una tienda seguido por otro que gritaba — ¡Robo! Ahora, la policía busca al sospechoso y le hace preguntas a Ud. Con un/a compañero/a haciendo el papel del/de la policía, conteste sus preguntas negativamente, usando el antónimo de la palabra en cursiva.

1. ¿Era *corto* su cabello?
2. ¿Era un hombre *pacífico*?
3. ¿Era *diferente* al hombre de esta foto?
4. ¿Era *menor* que Ud.?
5. ¿Se *marchó* inmediatamente?

C. **En la comisaría** *(police station).* Para contar la historia de un día típico en la comisaría de un barrio en una ciudad grande, hagan Ud. y un/a compañero/a los papeles de un/a policía y un/a sospechoso/a. Usen la forma apropiada del verbo que corresponda al sustantivo en cursiva.

1. Policía: Creo que Ud. sabía que esta pistola no era de *juguete,* que no era para . . . .
   Joven: Señor/a, yo no . . . con la pistola.
2. P: No lo creo. Al contrario. Creo que Ud. me está . . . y todo lo que Ud. me dice es una *mentira.*
   J: ¿Yo? ¿Decir una mentira? Yo no . . . nunca.
3. P: Sí, sí, sí. Ud. cree que me va a engañar con esa *mirada* de inocencia. ¡ . . . me a los ojos cuando le hablo! ¡No . . . por la ventana!
   J: No . . . por la ventana. Estaba pensando.
4. P: Los vecinos me dijeron que oyeron dos *disparos* de pistola. ¿Quién la . . .? ¿Ud.?
   J: No, señor/a. Yo jamás he . . . esa pistola.

5. P: ¡Ajá! Me doy cuenta de que Ud. está temblando y sudando. Se confirman mis *sospechas*. Yo . . . que es Ud. quien cometió el robo.

   J: Estoy temblando y sudando porque estoy nervioso/a. Es la primera vez que estoy en una comisaría. ¿Por qué . . . de mí?

D. **Preparación para leer.**   Hoy en día leemos mucho en los periódicos sobre el crimen y la violencia: robos, atracos *(muggings)*, homicidios, etc. ¿Cuál de éstos ocurre con más frecuencia donde Ud. vive? ¿A qué se debe?

E. **Y más preparación.**   Although "La mirada" is told in the form of a dialogue, the voice of only one speaker is heard. One way to get an idea of what a story is about before reading it in its entirety, is to rapidly skim the first line or two of each paragraph. Try this strategy with this story and then answer the following questions before you continue reading.

1. El hombre que habla es . . .

   a. un policía.   b. un político.   c. un tendero.

2. Le habla a . . .

   a. su esposa.   b. la policía.   c. un reportero.

3. Ha ocurrido . . .

   a. un accidente.   b. un homicidio.   c. un suicidio.

4. Las víctimas eran . . .

   a. dos chicos.   b. Arturo y Carmina.   c. dos vagabundos.

La mirada

Juan Madrid

Mire usted, yo no soy mala persona. Yo me dedico a mis cosas, la tienda, y ya ve usted, no es muy grande y mis hijos, que antes estaban aquí conmigo, pero la juventud, ya lo sabe usted. La juventud tira para° otras cosas, pasan de° la tienda, como ellos dicen. ¿Usted tiene hijos? Dios se los conserve. Mientras sean pequeños, no le darán más que alegrías, pero en cuanto se hacen mayores la cosa cambia, se lo digo porque lo sé, sí señor. Mire, mi Arturo, con veinte años, aún no ha hecho nada. Empezó

tira ... **prefiere** / *pasan ...* **no les interesa**

5

Comercio y luego dijo de hacer° Filosofía, no sé si la empezó, y
ahora va diciendo que lo suyo° es el teatro. ¡El teatro, fíjese
usted! Pero para qué cansarle. Usted va a lo suyo, a su trabajo y
yo al mío. No, no señor, no voy a cerrar la tienda. ¿Para qué? No
es que no pueda, es que no quiero. Aquí no ha pasado nada.

    ¿Cómo dice usted, señor inspector? Bueno, Arturo y Carmina,
sí señor. Carmina está con su madre, sí señor, y viene menos por
aquí. Antes, como ya le he dicho, venían más. Claro, también estaba su madre. Trabajábamos Carmina y yo y los niños ayudaban.
Esas cosas, liar° paquetes, llevar recados°, nada. Para mí que la
juventud tiene que saber lo que es la vida. ¿Cómo dice? No señor,
yo solo. Llevo ya muchos años yo solo en la tienda. Da para vivir°
pero nada más. Si le pregunta a mi mujer le dirá mentiras. Le dirá
que soy rico. Pero es mentira, no señor. Y ella lo sabe porque ha
estado aquí conmigo toda la vida. O sea desde que nos casamos,
hace . . . hace más de veinte años. ¡Si no lo sabrá° ella, señor
inspector!

    Yo no soy violento. Yo soy normal, ya se lo he dicho. Soy un
español decente, normal, que se mata a trabajar y paga sus im-
puestos°. Y si no puedo defenderme pues usted me dirá.

    ¿Cómo dice? Oiga, yo no quiero hablar de política. Yo la
única política que entiendo es la del trabajo. ¿Sabe usted a qué
hora salgo yo de la tienda? No lo sabe, claro, no lo sabe. Pues
salgo a las diez de la noche. Bueno, mejor dicho, echo el cierre°
a las diez y me quedo con la luz encendida haciendo el balance,
porque yo hago el balance diario. En cualquier momento, sé lo
que falta, lo que tengo que comprar . . . Si la política de este país
se llevara como mi tienda . . . Pero, bueno, no quiero hablar de
política.

    Sí señor, se lo cuento, los maté porque les miré a los ojos. Esa
cara descarada, chulesca°, del que no trabaja, el pelo largo y su-
cio . . . y la chica, para qué hablar de la chica. Una . . . una
cualquiera°. Se cruzó de brazos° y me llamó viejo de mierda°.
Eso es, apunte, viejo de mierda.

    No, no me estoy haciendo un lío°, lo que pasa es que no
hablo mucho con la gente y menos con la policía . . . disculpe, le
cuento, sí señor. Entraron como a las nueve y media. Yo, nada
más verlos, sospeché. Algunas veces vienen jóvenes a comprar
saladitos°, galletitas°, cosas, refrescos, patatas . . . para los guate-
ques°, ¿sabe usted? Bueno, nada más verlos supe que no venían
a ningún guateque. El chico fue el que sacó la pistola y me la
puso en la garganta. Me quedé sin habla°. Yo creo que estaba
más nervioso que yo, temblaba y sudaba°.

---

dijo ... **habló de estudiar**
lo ... his "thing"

tying / **mensajes**

Da ... It yields enough to live on

Si ... Wouldn't she know it

taxes

echo ... I lock up

fresca, insolente

a nobody / *Se ...* She crossed
her arms / *viejo ...* lousy old
man / *me ...* getting myself
into a jam

snacks / cookies
fiestas

sin ... speechless
sweating

"El dinero, venga, el dinero", me dijo. Y la chica dijo eso de viejo de mierda. Pero fue al mirarle a los ojos. Yo he estado en la guerra[1], ¿sabe? Sé los ojos que tienen los que quieren matar y ese
55 chico me quería matar. Yo tengo licencia de armas, sí señor, aquí la tiene y aquí está el Magnum 357. ¿Qué? Pues nada, que me gusta ¿a usted no? Es un arma preciosa, segura, ella me ha salvado la vida. Con licencia yo puedo tener lo que quiera. No se enfade, sigo.
60 Bueno, pues eso. ¿Por dónde iba?° . . . ¡Ah, sí! Pues que veo que me pone en la garganta la pistola y le digo que sí, que le doy el dinero. Hay que decir eso, para disimular°, para que confíen. Igual hacíamos en la guerra.
Y ahí está . . . ¿Cómo? No señor, no me di cuenta que la pis-
65 tola era de juguete. ¿Cómo habría de° saberlo? Lo único que supe es que me iba a matar y entonces abrí el cajón° . . . Mire, de esta forma . . . y el revólver lo tenía ahí, tapado° bajo los papeles. Le seguí mirando a los ojos y saqué el revólver. Disparé de cerca y me salpicó° el delantal° y la camisa. Es muy potente el Mag-
70 num, es un buen revólver. Ya lo ha visto. Le abrí un boquete° en el pecho que . . .
En fin, era su vida o la mía . . . ¿La chica? ¡Qué sabía yo! Podría tener un arma escondida° entre las ropas, esas golfas° lo hacen . . . nada, a ella fue a la cabeza. Es más seguro, usted lo sabe,
75 que es un defensor del orden.
Pues no, no señor. No supe que el revólver era de juguete, ni que tenían doce años. A mí me parecieron de la edad de mi Arturo, ya se lo he dicho. Me parecieron como de veinte años. Y no jugaban. No era juego. Les miré a los ojos y supe que querían
80 matarme. Por eso los maté yo. A los dos, sí señor.

¿Por ... **¿Qué le decía?**

to fake it

habría ... **podía**
drawer
covered

spattered / apron
hole

hidden / street walkers

Actividades de postlectura

A. **Comprensión del cuento.**   ¿Cierto, falso o no se sabe?

El tendero . . .

1. estaba solo en la tienda cuando entraron los chicos.
2. generalmente trabajaba con sus hijos, pero esa noche ellos no estaban allí.

---

[1]Se refiere a la guerra civil española de 1936–1939.

3. quería cerrar la tienda después del incidente.
4. tiene dos hijos.
5. no se lleva bien con su familia.
6. tiene mucho dinero en el cajón.
7. generalmente trabaja hasta muy tarde.
8. sospechó que los chicos venían a matarlo.
9. temblaba y sudaba cuando vio la pistola.
10. tenía un arma en el cajón.
11. abrió el cajón para sacar el dinero y dárselo a los chicos.
12. piensa que se defendió de la muerte.

B. **Preguntas y respuestas.**   Aunque un inspector de la policía está presente, nunca sabemos lo que le dice o le pregunta al tendero, pero podemos inferirlo. Con un/a compañero/a reconstruyan el diálogo usando las preguntas del inspector de la lista a la derecha. Luego, presenten el diálogo completo a la clase.

1. . . .
No, no señor, no voy a cerrar la tienda.
2. . . .
¿Cómo dice usted, señor inspector? Bueno, Arturo y Carmina, sí señor.
3. . . .
Carmina está con su madre, sí señor, y viene menos por aquí.
4. . . .
¿Cómo dice? No señor, yo solo. Llevo ya muchos años yo solo en la tienda.
5. . . .
Sí señor, se lo cuento, los maté porque les miré a los ojos.
6. . . .
No, no me estoy haciendo un lío, lo que pasa es que no hablo mucho con la gente y menos con la policía . . .
7. . . .
. . . disculpe, le cuento, sí señor.

a. ¿Tiene empleados? ¿Trabaja aquí alguno de su familia?
b. ¿Tiene usted licencia de armas?
c. ¿No se dio cuenta de que era una pistola de juguete?
d. ¿Piensa cerrar la tienda?
e. ¿Siempre ha trabajado solo?
f. ¿Tiene usted hijos?
g. Dígame, ¿por qué los mató?
h. ¡Basta de historias! Queremos saber lo que pasó.
i. ¿Por qué tiene usted un arma?
j. Hombre, ¿no se dio cuenta de que no eran más que chicos?
k. ¿También le mostró una pistola la chica?
l. ¿Dónde está su familia? ¿No trabajan más con usted?
m. ¡Vaya al grano! *(Get to the point!)*
n. ¡No se haga un lío!
o. Al grano, señor, al grano.

8. . . .
Yo tengo licencia de armas,
sí señor, aquí la tiene y aquí
está el Magnum 357.

9. . . .
¿Qué? Pues nada, que
me gusta ¿a usted no?

10. . . .
¿Cómo? No me di cuenta
que la pistola era de juguete.

11. . . .
¿La chica? ¡Qué sabía yo!
Podría tener un arma
escondida entre las ropas . . .

12. . . .
Pues no, no señor. No
supe que el revólver era de
juguete, ni que tenían doce
años.

C. **El juicio** *(trial).* Uds. pueden hacerle un juicio al tendero en su clase, organizándose de la siguiente manera. Cada persona debe representar un papel y, lógicamente, Uds. necesitarán tiempo para preparar el juicio y coordinarlo. Los distintos papeles son . . .

1. el acusado
2. uno/a o dos abogados/as para defender al acusado
3. el/la fiscal *(prosecuting attorney)*
4. otro/a abogado/a para ayudar al/a la fiscal
5. testigos *(witnesses)* para dar testimonio sobre el carácter del acusado; por ejemplo, la esposa del tendero, sus hijos, sus vecinos o clientes, el inspector de la policía
6. testigos para dar testimonio sobre los jóvenes, como sus amigos, sus maestros, sus compañeros, miembros de su familia, etc.
7. el/la juez *(judge)*
8. el/la presidente/a *(foreman/woman)* del jurado *(jury)* que anuncia el veredicto de culpable *(guilty)* o no culpable
9. el jurado (los miembros de la clase que no hacen ningún otro papel), quien determina si el acusado es culpable o inocente y recomienda una sentencia.

D. **Temas para conversar o para escribir**

1. Imagine que Ud. es periodista y va a escribir un artículo sobre este caso o dar un reportaje de dos minutos por la televisión. Prepare su artículo o reportaje dando los datos *(facts)* principales de uno de los siguientes momentos: (a) al día siguiente de ocurrir el crimen, (b) un día durante el juicio o (c) una hora después de saberse el veredicto.

2. ¿Cómo será el tendero como padre? ¿Cómo será como esposo? Justifique sus opiniones con detalles del cuento.

3. ¿Ofrece este caso un buen argumento para controlar la venta de armas? Explique su respuesta.

6

Memoria electrónica

Mario Benedetti

La cara de esta mujer ocupa todo el espacio; no tiene profundidad (*depth*), y tiene una sola dimensión. ¿Cómo se explica esto? ¿Cree Ud. que es una buena representación de la mujer en el cuento? ¿Por qué?

Woman of Love and Integrity, Linda Vallejo, Estados Unidos

*N*ovelist, short story writer, critic, and essayist, Mario Benedetti is Uruguay's most outstanding literary figure. Much of his work deals with ordinary people and the daily fabric of their lives—work, family relationships, and friendship—or extraordinary events that affect them such as politics, economic forces, and social change.

Because Benedetti is also well known as a poet, it should not be surprising that two short poems appear in this story of a young bank clerk who also thinks of himself as a romantic poet. Although we would expect to find that modern technology plays a role in his bank job, we are surprised to learn that it affects his life in another way.

Vocabulario

Palabras parecidas

Sustantivos	*Verbos*	*Adjetivos*
la adquisición	acostumbrar	automático/a
la presión	contemplar	espectacular
la sección	incorporar	estimulante
el tipo	iniciar	previo/a

Palabras engañosas

la letra   handwriting; letter of the alphabet
soportar   to bear, tolerate, stand

Sinónimos

el aparato   la máquina
el idioma   la lengua
por medio de   mediante
la retentiva   la memoria
soportar   tolerar, aguantar

Palabras nuevas ···

Sustantivos

el milagro   miracle
la obra maestra   masterpiece
la tecla   key (*piano, typewriter,*
   computer)
el teclado   keyboard

Verbos

borrar   to erase
imprimir   to print
presionar   to press

Adjetivos y adverbios

mediante   through, by means of
redondo/a   round

Expresiones ···

de una vez para siempre   for once and for all
en blanco   blank
llevar a cabo   to carry out, perform (*a task or job*)
no obstante   nonetheless
por su cuenta   on one's (its) own

En contexto

¡Mire mi nueva computadora, el maravilloso invento de este siglo! Hay de todo en **el teclado.** Sólo tengo que **presionar una tecla** y **el aparato lleva a cabo** una variedad de funciones como escribir, calcular y **borrar.** Además, cuando introduzco una hoja de papel **en blanco, imprime** lo que he escrito. ¡Todo es **automático!** Puede escribir en cualquier **idioma** y su **retentiva** es excelente. **No obstante,** lamento decir que este **milagro** de la tecnología moderna no piensa **por su cuenta.**

Mediante mi nueva **adquisición** es mucho más fácil escribir mi **obra maestra.** Todos dicen que es difícil leer mi **letra.** Además, no **soporto** pasar horas y horas escribiendo a mano. Entonces, ¡imagine mi alegría cuando adquirí este **aparato espectacular!**

Actividades de prelectura

A. **La máquina de escribir eléctrica versus la computadora.**   Con un/a compañero/a, comparen la máquina de escribir eléctrica con la computadora con respecto a las siguientes características. Al hacer la comparaciones, reemplacen con un sinónimo la palabra en cursiva. (En Latinoamérica se dice *la computadora*, pero en España suelen decir *el ordenador*.)

1. La máquina de escribir eléctrica tiene *una memoria* de capacidad limitada.
2. La máquina de escribir eléctrica imprime en varios *idiomas*.
3. Con la máquina de escribir eléctrica se puede *eliminar* fácilmente lo que se ha escrito.
4. La máquina de escribir eléctrica *hace* varias cosas automáticamente.
5. Con la máquina de escribir eléctrica el/la lector/a no tiene que *tolerar* la molestia de leer una letra casi ilegible.
6. Con la máquina de escribir se puede borrar los errores *por medio de* un líquido o una cinta blanca.

B. **Tres teclados.**   La máquina de escribir, la computadora y el piano tienen teclado. ¿A cuál o a cuáles se refieren las siguientes descripciones?

1. Tiene 88 teclas.
2. Lleva a cabo las funciones de escribir, imprimir, calcular y dibujar.
3. Salen letras cuando se presionan las teclas.
4. Varios/as compositores/as han escrito obras maestras con éste.
5. Se usa en conciertos.
6. El/La usuario/a tiene que comenzar con una página en blanco.
7. Sale música cuando se presionan las teclas.

C. **Preparación para leer.**   Las computadoras tienen un papel muy grande en nuestras vidas. Indique cuáles de las siguientes funciones de las computadoras le gusta usar o lo/la ayudan en su vida.

- hoja de cálculo *(spreadsheet)*
- correo electrónico
- cortar y pegar textos
- juegos
- referencias
- revisor de ortografía de los textos *(the spell-check feature)*

> **D.**   **Y más preparación.** Sometimes the title of a story gives a clue to its main theme, an important character, or a pivotal event that takes place. It may also refer to something that you know or remember well, something within your own experience. What does the title of this story suggest to you? A computer? An electric typewriter? Some other product of modern technology? The first paragraph will tell you if your guess is correct.

Memoria electrónica

Mario Benedetti

Todas las tardes, al regresar de su trabajo en el Banco (sección Valores al Cobro°), Esteban Ruiz contemplaba con deleite° su nueva adquisición. Para el joven poeta inédito°, aquella maquinita de escribir era una maravilla: signos para varios idiomas,
5 letra redonda y *bastardilla*, tipo especial para *TITULARES*, pantallita° correctora, centrado° automático, selector de teclado, tabulador decimal y un etcétera estimulante y nutrido°.

Ah, pero lo más espectacular era sin duda la Memoria. Eso de escribir un texto y, mediante la previa y sucesiva presión de dos
10 suaves° teclas, poder incorporarlo a la memoria electrónica, era algo casi milagroso. Luego, cada vez que se lo proponía, introducía un papel en blanco y, mediante la previa y sucesiva presión, esta vez de cinco teclas, la maquinita japonesa empezaba a trabajar por su cuenta y riesgo e imprimía limpiamente el texto
15 memorizado.

A Esteban le agradaba° sobremanera° incorporar sus poemas a la memoria electrónica. Después, sólo para disfrutar, no sólo del sorprendente aparato sino también de su propio lirismo°, presionaba las teclas mágicas y aquel prodigioso robot escribía, es-
20 cribía, escribía.

Esteban (26 años, soltero, 1m70 de estatura°, morocho°, ojos verdes) vivía solo. Le gustaban las muchachas, pero era anacrónicamente tímido. La verdad es que se pasaba planificando abordajes°, pero nunca encontraba en sí mismo el coraje nece-
25 sario para llevarlos a cabo. No obstante, como todo vate° que se precie debe alguna vez escribir poemas de amor, Esteban Ruiz decidió inventarse una amada (la bautizó° Florencia) y había creado para ella una figura y un carácter muy concretos y definidos, que sin embargo no se correspondían con los de ninguna de las
30 muchachas que había conocido, ni siquiera° de las habituales clientas jóvenes, elegantes y frutales°, que concurrían° a la sección Valores al Cobro. Fue así que surgieron° (y fueron inmedia-

Valores... Accounts Payable / **alegría** / unpublished

little screen / centering
abundante

gentle

pleased / **muchísimo**

lyricism

5'7" tall / **moreno**

encuentros

poeta

llamó

ni... not even
fruitful / **venían**
came forth

tamente incorporados a la retentiva de la Canon S-60) poemas
como *"Tus manos en mí"*, *"De vez en cuando hallarte"*, *"Tu mirada*
35 *es anuncio".*

La memoria electrónica llegaba a admitir textos equivalentes
a 2.000 espacios (que luego podían borrarse a voluntad°) y él ya   *a... at will*
le había entregado un par de poemas de su serie de amor/ficción.
Pero esos pocos textos le bastaban° para entretenerse° todas las   sufficed / **divertirse**
40 tardecitas, mientras saboreaba° su jerez° seco, haciendo trabajar   savored / sherry
a la sumisa° maquinita, que una y otra vez imprimía y volvía a   submissive
imprimir sus breves y presuntas° obras maestras. Ahora bien,   supposed
sabido es que la poesía amorosa (aun la destinada a una amada
incorpórea°) no ha de tratar pura y exclusivamente de la pleni-   **ficticia**
45 tud del amor; también debe hablar de sus desdichas°.   misfortunes

De modo que el joven poeta decidió que Florencia lo aban-
donara, claro que transitoriamente°, a fin de que él pudiera de-   **por poco tiempo**
positar en pulcros° endecasílabos° la angustia y el dolor de esa   neat / **verso de 11 sílabas**
ruptura. Y así fue que escribió un poema (cuyo título se le ocu-
50 rrió al evocar una canción que años atrás había sido un *hit*, pero
que él confiaba estuviese olvidada), un poema que le pareció sin-
gularmente apto para ser incorporado a la fiel° retentiva de su   faithful
imponderable Canon S-60.

Cuando por fin lo hizo, se le ocurrió invitar a Aníbal, un
55 compañero del Banco (sección Cuentas Corrientes°) con el que a   *Cuentas...* Checking Accounts
veces compartía inquietudes° y gustos literarios, para así hacer   concerns
alarde de° su maquinita y de sus versos. Y como los poetas   *hacer...* to show off
(jóvenes o veteranos) siempre están particularmente entusiasma-
dos con el último que han escrito, decidió mostrar al visitante la
60 más reciente muestra° de su inspiración.   sample

Ya Aníbal había pronunciado varios ¡oh! ante las novedosas
variantes de la maquinita, cuando Esteban decidió pasmarlo° de   astonish him
una vez para siempre con una sencilla demostración de la
famosa memoria. Colocó° en la maquinita con toda parsimonia   He placed
65 un papel en blanco, presionó las teclas consabidas y de inme-
diato se inició el milagro. El papel comenzó a poblarse de° ele-   *poblarse...* to be covered with
gantes caracteres. La *casette* impresora iba y venía, sin tomarse
una tregua°, y así fueron organizándose las palabras del poema: break

¿Por qué te vas? ¿O es sólo una amenaza°?   threat
70 *No me acorrales° con esa condena°.*   frighten / condemnation
Sin tu mirada se quedó la casa

con una soledad que no es la buena.
No logro acostumbrarme a los rincones
ni a las nostalgias que tu ausencia estrena°.   **comienza**

75   *Conocés* mi delirio y mis razones.*
         De mi bronca° de ayer no queda nada.   anger
         Te cambio mi perdón por tus perdones.

         ¿Por qué te vas? Ya aguardo° tu llegada.   **espero**

         Al concluir el último verso, Esteban se volvió° ufano° y son-   *se...* turned / proud
80 riente hacia su buen amigo a fin de recoger su previsible ad-
    miración, pero he aquí que la maquinita no le dio tiempo. Tras
    un brevísimo respiro°, continuó con su febril° escritura, aunque   **descanso** / feverish
    esta vez se tratara de otro texto, tan novedoso° para Aníbal como   **nuevo**
    para el propio Esteban:

85   *¿Querés saber por qué? Pues te lo digo:*
         no me gustás, querido, no te aguanto,
         ya no soporto más estar contigo,

         últimamente me has jodido° tanto   bugged
         que una noche, de buenas a primeras°,   *de...* **inmediatamente**
90   *en lugar del amor, quedó el espanto°.*   fright

         Odio tu boca chirle°, tus ojeras°,   insipid / under-eye circles
         que te creas el bueno de la historia.
         Con mi recuerdo hacé° lo que prefieras.   **haz**

         Yo te voy a borrar de esta memoria.

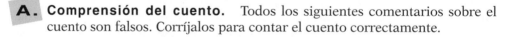

Actividades de postlectura

A. **Comprensión del cuento.**   Todos los siguientes comentarios sobre el
cuento son falsos. Corríjalos para contar el cuento correctamente.

1. La nueva adquisición de Esteban era una computadora.
2. Esteban usaba la máquina para su trabajo en el banco.
3. El aspecto más espectacular del aparato era el tabulador decimal.
4. Esteban tenía una novia que se llamaba Florencia.
5. Él le escribía solamente poemas acerca de la alegría del amor.

---

*In Argentina, Uruguay, and some Central American countries, *vos* is
used instead of *tú*. This form of the second-person singular has its own
conjugation, and in most cases you will be able to recognize it because it
is similar to the *tú* form. However, stem-changing verbs do not change,
and verbs are stressed on the last syllable. For example, *tú tienes*
becomes *vos tenés* and *tú quieres* becomes *vos querés*.

6. El poema que imprime para mostrar a Aníbal habla de la belleza de Florencia.

7. El segundo poema que imprime la máquina fue escrito por Florencia.

8. El segundo poema es de tono amoroso.

B. **El aviso personal.** Seguramente habrá visto en los periódicos avisos personales donde la gente expresa el deseo de conocer a otra persona en plan de romance o de amistad. Como Esteban es un poco tímido, él ha decidido poner un aviso. Con dos compañeros/as más, escriba el aviso de Esteban. Mencione sus características físicas, sus talentos, y cualquier otra información que le ayude a recibir muchas respuestas. Después lean a la clase el aviso que escribieron y escojan el más interesante, el más cómico...¡y el más patético!

C. **Otra respuesta.** ¿Cómo respondería Ud. al poema de Esteban? Con un grupo de tres o cuatro personas, escriban un poema que exprese su reacción al carácter y a la habilidad poética de Esteban.

D. **La tecnología y la vida romántica.** Con un grupo de compañeros/as, den su opinión sobre la siguiente pregunta: En nuestra sociedad, ¿hay alguna relación entre la tecnología y la vida romántica? Por ejemplo, ¿es posible encontrar el amor mediante la red (Internet) o un aviso en el periódico? Expliquen sus respuestas y apóyenlas con ejemplos.

E. **Temas para conversar o para escribir**

1. Si su computadora o máquina de escribir eléctrica pudiera escribirle un poema o una carta dando su opinión de Ud., ¿qué le diría? Escriba el poema o la carta. Si Ud. quiere, puede leer su obra a la clase.

2. En épocas anteriores mucha gente escribía poemas románticos para expresar su amor a una persona especial, pero hoy en día la gente no se acostumbra a hacerlo. ¿Cómo se expresa el amor hoy en día? ¿Cree Ud. que la vida sería más romántica si volviéramos a esta costumbre otra vez? Explique su respuesta.

3. ¿Cree Ud. que Esteban debe dejar su empleo en el banco y dedicarse a la poesía? ¿Por qué?

Describa los detalles de este cuadro. ¿Qué simbolizan? ¿Qué relación hay entre el cuadro y la palabra *continuidad* del título del cuento?

Interior, Hernán Miranda, Chile

Continuidad de los parques

Julio Cortázar

*J*ulio Cortázar was born in Belgium of Argentine parents, and returned to Argentina as a child. He was educated and taught school there briefly before returning to Europe, where he spent most of his adult life. Cortázar was a prolific writer of novels and short stories that impart a sense of the absurd, enigmatic, or fantastic aspects of our world. "Continuidad de los parques" is a murder mystery that is a story within a story. As the protagonist reads an exciting murder novel, another murder is about to take place, and the dividing line between fantasy and reality disappears. As you read, look for the differences or similarities between the story you are reading and the story the protagonist is reading.

Vocabulario

Palabras parecidas

Sustantivos	*Verbos*	*Adjetivos*
la continuidad	abandonar	absorbido/a
la figura	danzar	doble
la ilusión	disuadir	secreto/a
la imagen	galopar	
la intrusión		
el/la protagonista		
la serpiente		
la tranquilidad		

Palabras engañosas

la cuestión   issue, matter
la galería   corridor, hall
el personaje   character (fictional)

Palabras nuevas

Sustantivos

el/la amante   lover
el atardecer   late afternoon, dusk
la caricia   caress
la coartada   alibi
el encuentro   encounter
la finca   country house, estate
el mayordomo   butler, steward
   of a country home
el puñal   dagger
el/la testigo   witness

Verbos

acariciar   to caress
anochecer   to get dark
dejar(se)   to allow, permit
   (oneself)
discutir   to argue; to discuss
rechazar   to reject

Expresiones

a la vez   at the same time
desde siempre   from the beginning of time
estar de espalda   to have one's back turned
más allá de   beyond

En contexto

Ya está **anocheciendo. Los amantes** tienen **un encuentro** al **atardecer** en **una cabaña** que hay en **la finca, más allá de** la entrada principal. Ella no **se deja** tocar por él, no acepta su **caricia,** sino que la **rechaza.** Comienzan a **discutir,** los dos hablando en **secreto** y **a la vez.**

Más tarde alguien morirá. ¿Quién será? ¿Será **el protagonista?** ¿Será uno de los amantes? ¿Quién usará **el puñal?** ¿Habrá algún **testigo** del crimen? ¿Lo hará **el mayordomo?** ¿Cuál será su **coartada?**

Actividades de prelectura

A. **¿Quién lo hizo?**   Durante la investigación de un homicidio los reporteros tienen muchas preguntas para la policía. Con otra persona, hagan los papeles de un/una reportero/a y un/una detective, contestando las preguntas lógicamente con una palabra o una frase de la Columna B. Hay varias palabras o expresiones posibles para contestar las preguntas. Tengan en cuenta que no se usan todas las palabras de la Columna B. Al contestar todas las preguntas, Uds. tendrán la historia de un homicidio, y es posible que los diferentes grupos de la clase tengan historias distintas. Cuéntense sus historias.

Columna A: El/La reportero/a

1. ¿Cuándo ocurrió el crimen?
2. ¿Dónde ocurrió el encuentro del asesino y el asesinado?
3. ¿Qué hacían el asesinado y el asesino antes del homicidio?
4. ¿Encontraron el arma?
5. ¿Hay testigos?
6. ¿Será posible que el mayordomo sea el asesino?
7. Y ese hombre, ¿quién es?

Columna B: El/La detective

a. Se acariciaban.
b. Anochecía.
c. Creo que es el amante secreto de la esposa del asesinado.
d. Al atardecer.
e. Discutían.
f. Estaba de espaldas.
g. En la galería.
h. Allá, más allá de la finca.
i. Sí, encontramos un puñal.
j. No, porque tiene una buena coartada.
k. Ya hemos rechazado esa posibilidad.
l. Hasta ahora, ninguno.
m. Es el mayordomo.

B. **En otras palabras.** Con un/a compañero/a, hagan los papeles de Romeo y Julieta. Romeo hace las siguientes preguntas y Julieta las contesta usando la forma apropiada de un sinónimo de la palabra en cursiva.

1. ¿Te gustaría *bailar* conmigo?
2. ¿Me permites visitarte en tu jardín en un momento de *calma*?
3. ¿Podemos encontrarnos al *atardecer*?
4. ¿Te preocupan *los asuntos* que nos separan?
5. ¿Me vas a *dejar* en algún momento?

C. **Preparación para leer.** En la pintura al comienzo de este capítulo, el pintor crea continuidades entre planos (*levels*) diferentes de realidad. (a) ¿Cómo es cada uno de los planos de realidad? (b) ¿Cómo ha conectado el pintor estos planos?

D. **Y más preparación.** As you read this story, keep in mind the following questions: Who are the characters in the novel that the protagonist is reading? What is the plot of the novel?

Continuidad de los parques

Julio Cortázar

Había empezado a leer la novela unos días antes. La abandonó por negocios urgentes, volvió a abrirla cuando regresaba
en tren a la finca; se dejaba interesar lentamente por la trama,
por el dibujo° de los personajes. Esa tarde, después de escribir   sketch
5   una carta a su apoderado° y discutir con el mayordomo una   **agente**
cuestión de aparcerías°, volvió al libro en la tranquilidad del   tenant farms
estudio que miraba hacia el parque de los robles°. Arrellanado°   oak trees / Nestled
en su sillón favorito, de espaldas a la puerta que lo hubiera
molestado como una irritante posibilidad de intrusiones, dejó
10   que su mano izquierda acariciara una y otra vez el terciopelo°   velvet
verde y se puso a leer los últimos capítulos. Su memoria retenía
sin esfuerzo los nombres y las imágenes de los protagonistas; la
ilusión novelesca lo ganó casi en seguida. Gozaba del placer casi
perverso de irse desgajando° línea a línea de lo que lo rodeaba, y   breaking away
15   sentir a la vez que su cabeza descansaba cómodamente en el terciopelo del alto respaldo°, que los cigarrillos seguían al alcance   chair back
de la mano, que más allá de los ventanales danzaba el aire del
atardecer bajo los robles. Palabra a palabra, absorbido por la
sórdida disyuntiva° de los héroes, dejándose ir hacia las imá-   dilemma
20   genes que se concertaban° y adquirían color y movimiento, fue   *se* ... were developing
testigo del último encuentro en la cabaña del monte. Primero
entraba la mujer, recelosa°; ahora llegaba el amante, lastimada   apprehensive
la cara por el chicotazo de una rama°. Admirablemente restaña-   *chicotazo* ... lash of a branch
ba ella la sangre con sus besos, pero él rechazaba las caricias, no
25   había venido para repetir las ceremonias de una pasión secreta,
protegida por un mundo de hojas secas y senderos° furtivos. El   paths
puñal se entibiaba° contra su pecho, y debajo latía° la libertad   *se* ... was warming itself /
agazapada°. Un diálogo anhelante° corría por las páginas como   was beating / crouching /
un arroyo° de serpientes, y se sentía que todo estaba decidido   yearning / stream
30   desde siempre. Hasta esas caricias que enredaban el cuerpo del
amante como queriendo retenerlo y disuadirlo, dibujaban
abominablemente la figura de otro cuerpo que era necesario
destruir. Nada había sido olvidado: coartadas, azares°, posibles   chances
errores. A partir de esa hora cada instante tenía su empleo mi-
35   nuciosamente atribuido. El doble repaso despiadado° se inte-   merciless

rrumpía apenas para que una mano acariciara una mejilla. Empezaba a anochecer.

Sin mirarse ya, atados° rígidamente a la tarea que los espe-   bound
raba, se separaron en la puerta de la cabaña. Ella debía seguir
40 por la senda° que iba al norte. Desde la senda opuesta él se   path
volvió un instante para verla correr con el pelo suelto°. Corrió a   loose
su vez, parapetándose° en los árboles y los setos°, hasta distin-   taking shelter / hedges
guir en la bruma malva° del crepúsculo° la alameda° que lleva-   *bruma ...* mauve mist /
ba° a la casa. Los perros no debían ladrar°, y no ladraron. El   **atardecer** / tree-lined drive /
45 mayordomo no estaría a esa hora, y no estaba. Subió los tres   led / to bark
peldaños° del porche y entró. Desde la sangre galopando en sus   steps
oídos le llegaban las palabras de la mujer: primero una sala
azul, después una galería, una escalera alfombrada. En lo alto°,   *En ...* At the top
dos puertas. Nadie en la primera habitación, nadie en la segun-
50 da. La puerta del salón, y entonces el puñal en la mano, la luz de
los ventanales, el alto respaldo de un sillón de terciopelo verde,
la cabeza del hombre en el sillón leyendo una novela.

Actividades de postlectura

A. Comprensión del cuento.   Conteste las siguientes preguntas con la información del cuento.

1. ¿Quién es el protagonista del cuento? ¿Cómo es? ¿Qué hace durante la narración?
2. ¿Quiénes son los otros personajes del cuento? ¿Qué sabe Ud. de ellos?
3. ¿Dónde tiene lugar la acción? ¿En qué momento del día?
4. ¿Qué pasa en la novela que lee el protagonista?
5. ¿Qué pasa en el cuento de Julio Cortázar, "Continuidad de los parques"?

B. ¿El cuento o la novela?   Para analizar el cuento, trabaje con dos o tres personas más para decidir si las siguientes oraciones se refieren al cuento que Uds. acaban de leer o a la novela que leía el hombre. Presten atención al tiempo de los verbos.

1. El hombre estaba muy cómodo, leyendo la novela.
2. Fue testigo del último encuentro en la cabaña del monte.
3. Primero entraba la mujer, ahora llegaba el amante.
4. El amante rechazaba las caricias de la mujer.
5. El amante tenía un puñal.
6. Un diálogo anhelante corría por las páginas.
7. Se sentía que todo estaba decidido desde siempre; era necesario destruir otro cuerpo.
8. Nada había sido olvidado; a partir de esa hora cada instante tenía su empleo minuciosamente atribuido.
9. Empezaba a anochecer.
10. Se separaron en la puerta de la cabaña.
11. Él corrió hasta distinguir la casa.
12. Los perros no ladraron; el mayordomo no estaba.
13. Subió los peldaños del porche y entró.
14. La puerta del salón, y entonces el puñal en la mano, la luz de los ventanales, el alto respaldo de un sillón de terciopelo verde, la cabeza del hombre en el sillón leyendo una novela.

C. Temas para conversar o para escribir

1. ¿Le gustan los misterios? ¿Prefiere Ud. leer una novela policíaca, o mirar una película de misterio en la televisión o en el cine? ¿Por qué le interesan?
2. ¿Qué significa el título del cuento? ¿Cuál es su relación con lo que pasa? Invente otro título apropiado para el cuento.
3. ¿Qué es lo real en este cuento? ¿Qué es lo imaginario? ¿Por qué piensa Ud. esto?
4. Algunas de las palabras o expresiones que figuran en este cuento son *ilusión*, *doble*, *secreto*, *imagen*, *continuidad*, *intrusión*, *el atardecer*, *a la vez* y *más allá de*. Explique cómo sirven para relacionar el lenguaje a la trama.

8

El divorcio

Silvina Bullrich

Este joven está solo en el cuadro. ¿Qué falta? ¿Con qué sueña? ¿Con qué aspectos del divorcio se puede relacionar esta representación?

El coleccionista,
Gonzalo Cienfuegos, Chile

$\mathcal{S}$ilvina Bullrich was born into a prominent Argentine family with a strong interest in the arts. Overcoming the prejudices of the conservative Argentine society of the 1920s and 1930s, which frowned upon professional and liberated women, Bullrich began her long literary career with a book of poems. Her novels and short stories describe the world she grew up in and knew best: wealthy aristocrats, the upper middle class, women striving to be independent, and the relationship between parents and children. What most interested her, she said, was "la pequeña comedia humana." Referring to her role as a writer and a woman who rebelled against the strictures of her time, Bullrich once wrote, "He tenido una vida muy rica, muy intensa en el amor, en el dolor, en la felicidad, en el placer, en los viajes y me cuesta quedarme en la lentitud de los días de la infancia y del principio de la adolescencia."

The title of this story sets forth its theme very clearly. But you may be quite surprised by the narrator's point of view and the ending.

Vocabulario

Palabras parecidas

Sustantivos	Verbos	Adjetivos
la armonía	acompañar	convincente
la ausencia	anunciar	erróneo/a
la conciencia	disputar	estereotipado/a
la escena	obligar	hostil
la farmacia	tranquilizar	obstinado/a
el horizonte		sedentario/a
el interín		silencioso/a
la presencia		transparente
el proyecto		
el reproche		
el tacto		

Palabras engañosas

el departamento   apartment
mortificar   to annoy, irritate, bother
la tormenta   storm
total   after all; anyhow
el vaso   drinking glass

Sinónimos

el diario   el periódico
equivocarse   no tener razón, cometer un error
la mucama   la sirvienta

Palabras nuevas

Sustantivos

la alfombra   rug, carpet
la almohada   pillow
la copa   stemmed wine glass
el deber   duty
la estancia   cattle ranch
el fantasma   ghost
la madrastra   stepmother
los muebles   furniture
el padrastro   stepfather
el padrino   godfather
el rapto   kidnapping
el rato   a while

Verbos

atreverse a   to dare to
crecer   to grow
criar   to raise (children, animals)
deslizarse   to slip away; to slide, slither
discutir   to discuss, argue
evitar   to avoid
raptar   to kidnap
rodear   to surround

Adjetivos y adverbios

apenas (*adv.*)   just, hardly
gris   gray
lujoso/a   luxurious

Expresiones

a escondidas   secretly
alrededor de   around
andate   go, get out, run along
de todos modos   anyway
dejar en paz   to leave in peace, leave alone
echar a perder   to spoil
no tener nada que ver (con)   to have nothing to do (with)

En contexto

En **el departamento** silencioso hay . . .

...**una mucama** que atiende a sus **deberes.**
...**alfombras lujosas, muebles** finos, **almohadas** de plumas y **copas**
y **vasos** de cristal que **apenas** se usan.
...muchos lujos **rodeando** al chico, el cual anda por la casa como **un fantasma.**

El chico . . .

...lleva un uniforme **gris** a la escuela.
...escucha **a escondidas** mientras sus padres **discuten.**
...después trata de **evitar** las discusiones de sus padres.
...no **se atreve a** expresar sus sentimientos.
...pasa el verano en **la estancia** donde su abuelo **cría** ganado (*cattle*).
...**está creciendo** y madurando.
...tendrá **una madrastra** y **un padrastro.**
...será **padrino** algún día.
...por supuesto **no tiene nada que ver con** el divorcio de sus padres.
...después del divorcio, siempre pasa **un rato** con su padre los domingos.

La mamá del chico . . .

...habla **del rapto.**
...teme que el padre **rapte** a su hijo o lo **eche a perder.**
...le dice frecuentemente a su hijo: —**Andate**, estoy ocupada.
...le dice al padre del chico: —**Dejanos en paz.**
...sabe que **de todos modos (total)**, al final se divorciarán.

Actividades de prelectura

A. Preguntas personales.   Para saber dónde y cómo vive un/a compañero/a, hágale las siguientes preguntas. Su compañero/a le hará las mismas preguntas.

1. ¿Vives en un departamento o un cuarto en la residencia estudiantil?
2. ¿Es lujoso tu cuarto?
3. ¿Tienes alfombra? ¿Cómo es?
4. ¿Qué muebles tienes en tu cuarto?
5. ¿Tienes plantas? ¿Crecen bien?

B. **Definiciones.** Dé una definición o una explicación de las siguientes palabras.

1. una madrastra
2. un padrastro
3. una estancia
4. una copa
5. una almohada
6. gris
7. el rapto

C. **Para vivir en armonía.** ¿Qué hay que hacer para llevarse bien con un/a compañero/a de cuarto? Indique su opinión y discuta sus respuestas con sus compañeros.

	Siempre	A veces	Nunca
1. discutir por cualquier cosa	☐	☐	☐
2. evitar discusiones	☐	☐	☐
3. mortificarlo/la	☐	☐	☐
4. usar sus cosas a escondidas	☐	☐	☐
5. atreverse a llevar su ropa	☐	☐	☐
6. dejarlo/la en paz cuando esté de mal humor	☐	☐	☐
7. no tener nada que ver con él/ella	☐	☐	☐
8. decirle que Ud. nunca se equivoca	☐	☐	☐

D. **Preparación para leer.** La imaginación es un aspecto muy importante de la lectura. Con un/a compañero/a, haga una lista de (1) los sentimientos y emociones, y de (2) los aspectos y problemas que le sugiere a Ud. la palabra *divorcio*. Escríbanlos en dos columnas:

(1) *Sentimientos y emociones*   (2) *Aspectos y problemas*

E. **Y más preparación.** The title of a short story does not always give a clear indication of its content, but this one does. Quickly skim the first few lines to find out who the narrator is; that is, from whose perspective the story is told. Then, before you start reading, think about what you already know about divorce. How does a child feel and react to an impending divorce? What does the child witness or overhear? Do you anticipate this story having a happy ending or a sad one?

Although the author does not clearly identify the speakers of the dialogues in the early part of the story, you should be able to recognize the voices of the parents.

El divorcio
Silvina Bullrich

Las primeras noches me despertaba sobresaltado°, corría hasta la puerta de mi cuarto, pegaba° la oreja a la madera° y trataba de oír. Si no lo lograba abría la puerta tratando de no hacer ruido y me deslizaba descalzo° sobre la alfombra deshi-
5 lachada° del corredor. Después, ya ni siquiera me despertaba o si eso ocurría ponía la cabeza bajo la almohada para no oír y volver a dormirme. Total ya sabía lo que se decían. Siempre lo mismo, no sé por qué lo repetían tanto, ya debían saberlo de memoria, lo mismo que yo: Sos° un canalla°... Y vos°[1] una
10 egoísta, una frívola, no te importa más que de vos misma. ¡Quién habla! un hombre incapaz° de cumplir con sus deberes más elementales... ¡Deberes! Vos te atrevés a hablar de deberes...

A veces mi nombre aparecía en medio de los reproches: Ni
15 siquiera por Pancho fuiste capaz de disimular°... Dejá a Pan-cho en paz, no tiene nada que ver con esto. Es tu hijo. Eso está por verse.° Canalla... ya que crees eso andate y dejanos en paz. Si me voy me llevo al chico. Antes te mato, Pancho se queda conmigo... Una ola° de orgullo me recorría°; pese al° desin-
20 terés que parecían sentir mis padres por mí a lo largo del° día, mi importancia se acrecentaba° en forma descomunal° al llegar la noche y las discusiones. Otras veces, en lugar de referirse a mí mencionaban el departamento, el auto, los dos grabados° de Picasso, las copas de baccarat.

25 Después de esas tormentas que duraron unos meses se estableció el silencio. En el ínterin habían separado los cuartos. Papá y mamá apenas se hablaban. Por eso la primera discusión violenta me sorprendió de nuevo: Llevate las copas, las alfom-bras, lo que quieras, gritaba mamá, pero andate y dejame en
30 paz. No oí la respuesta de papá. Volví a la cama y pensé que

startled
I stuck / wood

sin zapatos
frayed

eres / despicable person / **tú**

incapable

pretending

Eso ... That remains to be seen.
wave / *me ...* went through me / *pese ...* despite / *a ...* **durante** / *se ...* **crecía** / **extraordinaria**
prints

---

[1]In Argentina, Uruguay, and some Central American countries, *vos* is used instead of *tú*. This form of the second-person singular has its own conju-gation, and in most cases you will be able to recognize it because it is similar to the *tú* form. However, stem-changing verbs do not change, and verbs are stressed on the last syllable. For example, *tú tienes* becomes *vos tenés* and *tú quieres* becomes *vos querés*. In the imperative form stem-changing verbs do not change and the stress is on the last syllable of the verb. For example, *dejá* and *dejate*. *Siéntate* becomes *sentate*.

aunque se fueran los dos, yo apenas me daría cuenta. Los veía
cada vez menos y yo para ellos era casi transparente. Cuando
me empeñaba° en hacer notar mi presencia sólo conseguía un:
dejame en paz, estoy ocupado; o un: andate, ¿no ves que me

me ... insisted

35 duele la cabeza? Los muebles envejecían° sin que nadie los
retapizara°, yo comía solo con platos cascados° y vasos despare-
jos°. Mi taza de desayuno era celeste° y el platillo color ocre con
hojas de parra verdes. A mí no me importaba pero Miss Ann me
lo hizo notar varias veces y lo comentaba con la mucama, que a

aged
reupholstered / cracked
unmatched / **azul claro**

40 su vez° le pedía tazas nuevas a mamá. No vale la pena, total para
el chico . . . decía mamá, y yo tambaleaba° entre la seguridad de
la importancia que me concedían en las grescas° nocturnas y la
falta de miramientos° que me rodeaba durante el día. Lo importante es que no le falte nada, decía mamá, y la heladera° estaba

a ... in turn
staggered
peleas
atención
refrigerador

45 siempre llena de grandes trozos° de lomo°, de fruta, de dulce de
leche° y de huevos frescos. Mi ropa era buena y Miss Ann forra-
ba° cuidadosamente mis libros de clase con papel azul.

pieces / tenderloin
dulce ... un postre
covered

No sé exactamente el día en que papá se fue de casa. Era en
verano. Yo estaba en la estancia con los abuelos y a la vuelta,

50 cuando pregunté por papá, mamá me dijo: ya no vive en casa.
Después comentó con mis tíos Quique y Elena: Este chico me
preocupa, hace ocho días que ha vuelto y recién hoy pregunta
por su padre, ni se dio cuenta de su ausencia o es medio retardado o es monstruosamente descariñado°; creo que no quiere a

indifferent

55 nadie. Yo me quedé pensando si en verdad no quería a nadie.
Hice un largo examen de conciencia y no llegué a ninguna con-
clusión. Sin embargo, poco a poco empecé a sentir la falta de
papá. ¿Qué era mejor, ese silencio obstinado, esa ausencia cons-
tante de mi madre o las escenas de antes del verano?

60 Porque mamá ya no estaba nunca en casa. Lo malo es que
también se fue Miss Ann. Yo ya tenía diez años, iba medio pupi-
lo° al colegio y hubiera sido absurdo guardar° en casa a una
institutriz° inglesa. Mamá me explicó eso en forma serena y
racional, le di la razón°. Mamá tenía razón en todo, pero nada

medio ... half-board / to keep
governess
le ... I agreed with her

65 de lo que ella decía me convencía. Quizá haya dos razones,
quizá lo importante no sea tener razón sino ser convincente. De
todos modos yo no discutía nunca.

Mis días empezaron a deslizarse como entre nubes, como en
el cine cuando se corta el sonido. Yo era un fantasma insignifi-

70 cante que no llamaba la atención de nadie con mi traje gris o mi
guardapolvo° gris.

school uniform

No estás nunca en tu casa, dijo mi abuelo una tarde que vino
de visita. Mamá se echó° a llorar, dijo que su vida era demasiado
triste para que se la amargaran° más, que estaba sola a los trein-

se ... comenzó
embitter

75 ta años, sola como un perro, agregó. No tanto, dijo abuelo, nos

tienes a nosotros y a Pancho. Mamá replicó que ellos vivían casi todo el año en el campo y no eran ninguna compañía, y si no se iban a Europa. Eso es verdad, dijo abuelo. Y Pancho, continuó mamá, tiene su vida, va al colegio, al campo° de deportes, los

80   domingos sale con otros chicos, no voy a sacrificarlo para que me acompañe. Abuelo meneó° la cabeza. Yo tenía ganas de gritarle que me pasaba las horas enteras solo, que me moría de miedo de noche y ella no volvía hasta la madrugada°, que los domingos hubiera preferido salir con ella que con Marcos o con

85   Roberto que decían porquerías° y no iban nunca al cine al que nos mandaban, porque las vistas° de aventuras «son para chicos», y se colaban° en los cines donde daban vistas prohibidas para menores, y después me hacían correr para llegar a tiempo a la salida del «Capitán Blood» o del «Hijo del Zorro».

90   Pero no decía nada de miedo a que mamá me diera un bife°.

    Rosa me despertaba temprano y luego volvía a la cocina a prepararme el desayuno. Yo tenía que hacer esfuerzos sobrehumanos para no volver a dormirme; me lavaba apenas porque el agua no estaba del todo caliente a esa hora; tomaba unos

95   sorbos° de chocolate hirviendo° y salía corriendo de la casa silenciosa.

    Mi único placer era arrastrarme° un rato alrededor de mamá, de noche, cuando se vestía para salir. Pero era un rato muy corto, porque en seguida alguien avisaba por teléfono que

100   bajara°, que habían salido a buscarla, o una bocina° impaciente se atrevía a desafiar° las leyes municipales.

    Los domingos, los días de fiesta, me sentía aún más desdichado°. Mamá parecía ir siempre a lugares mágicos, se vestía como una actriz de cine con pantalones de colores vivos° y

105   blusas floreadas, ponía una o dos mallas° en un bolsón de rafia; por si acaso, llevaba una tricota°. Antes de salir se cercioraba° sobre mi programa: ¿Tenía dinero? ¿A qué hora vendría Roberto? Rosa nos haría un almuerzo espléndido. Otras veces me recordaba que papá vendría a buscarme, le encargaba° a Rosa que

110   vigilara° mi peinado, mis manos y mis uñas°, que me obligara a ponerme el traje azul y los zapatos nuevos, si no papá para mortificarla diría que yo siempre andaba hecho un zaparrastroso°. Papá venía a buscarme con una sonrisa estereotipada en los labios. ¿Adónde querés almorzar? No sé, contestaba yo siempre,

115   y eso enfurecía a papá, que quería darme todos los gustos°. Este chico es idiota, pensaba, y yo sentía su pensamiento. Para no equivocarse me llevaba a un lugar lujoso; se alegraba cuando yo pedía el plato más caro del menú; eso tranquilizaba su conciencia. Después íbamos al fútbol o al cine, según el tiempo. Una vez

---

field

nodded

dawn

filth
películas
se ... sneaked

slap

sips / **muy caliente**

to trail

she should come down / horn
to defy

infeliz
bright
trajes de baño
suéter / *se* ... made sure

ordered
take care of / nails

hecho ... looking like a ragamuffin

deseos

120 me llevó al polo, un domingo de lluvia al Colón[2], para que
empezara a oír cosas lindas y no me criara como un salvaje°,   savage
porque lo que es tu madre . . . Y no terminaba la frase. A veces
invitaba a Marcos o a Roberto o a algún otro chico del colegio y
nos dejaba solos durante un largo rato y se iba a conversar con
125 gente amiga de él. Un día me preguntó: ¿Cuántos años tenés° . . .   **tienes**
doce? No, cumplí° once hace tres meses y medio. Ah, entonces   I turned
sos muy chico. ¿Para qué? Para mujeres. No contesté. ¿Te gustan las mujeres? arriesgó. No sé, le dije. Y él me pegó un bife.
Perdoname, no sé lo que me pasó, me dijo, es cierto que sos
130 todavía demasiado chico. Yo tenía los ojos llenos de lágrimas. El
año que viene te pongo pantalones largos y te llevo al Maipo[3]. . .
para empezar, me dijo. Yo sonreí.

    Cuando me dijeron que papá se había casado no me importó
mucho. En realidad mi vida no cambió, la única ventaja que
135 percibí al principio fue terminar con esas destempladas° tardes   inharmonious
de domingos. Papá y Angélica se fueron a Europa. A menudo, a
la vuelta del colegio, me encontraba con tarjetas postales a mi
nombre y hasta cartas en sobre cerrado, cosa que realzó° mi   raised
importancia ante mis ojos y creó en mi vida un nuevo interés:
140 mirar la correspondencia. Hasta entonces daba por sentado°   *daba* . . . I took for granted
que nada era para mí, pero en lo sucesivo sabía que era proba-
ble ver mi nombre claramente escrito bajo la palabra «señor» en
un sobre liviano con el borde rojo y azul.

    Al principio pensé que ese casamiento podía mortificar a
145 mamá y con el tacto pudoroso° y piadoso° de los niños evité el   shy / compassionate
tema. Sin embargo la vida empezaba a demostrarme que casi
todos los conceptos aprendidos eran erróneos. Mamá nunca
había estado más alegre. Sus amigas la llamaban para felicitarla
y todas le decían: estarás contenta, ahora se casó José Luis,
150 tenés todos los derechos, él se casó primero. Ya no puede
sacarte° el chico.   take away

    Pese a mis largas soledades, mi importancia crecía. Yo era
indiscutiblemente un objeto valioso y a veces oía mi nombre
unido a las palabras «rapto», Brasil, Perú, y el nombre de otros
155 chicos zarandeados° por sus padres por diversos países del con-   rushed
tinente. Pero la verdad es que mi destino se anunciaba más
sedentario. Nadie me raptaba. Papá recorría° el mundo sin mí,   **viajaba por**
aunque en sus tarjetas anunciaba futuras aventuras marítimas
perdidas en un lejano° horizonte: Hawai es un paraíso, la próxi-   far-off
160 ma vez ya hemos pensado con Angélica en traerte con nosotros.

---

[2] *El Teatro Colón*, the opera house of Buenos Aires.
[3] A vaudeville theater in Buenos Aires.

Hong Kong: En cuanto° seas bachiller[4] te regalaré un viaje por estos parajes° soñados (Papá nunca fue muy original para escribir, no hay motivo para culparlo, no pretende ser escritor). París: Esta ciudad es el regalo que te tengo preparado para tus veinte años. Nueva York: En cuanto te recibas de ingeniero te prometo mandarte a perfeccionarte a este país maravilloso, donde la técnica está mil años adelantada respecto a nosotros.

*En ... **Cuando***
lugares

Una noche mamá se quedó a comer conmigo, cosa inusitada°. A los postres, después de transparentes circunloquios°, me anunció su proyecto de volver a casarse: «Creo que es para tu bien, Pancho. Necesitas un padre.» «Con uno me basta°» le dije sin maldad°. «Necesitas un hogar.» «Eso es verdad» dije. Pero ya sentía que mi opinión no influiría en lo más mínimo° en mi madre, siempre segura de sus decisiones.

unusual / digressions

Con ... One is enough
malice
en ... in the least

Después las cosas se nublan° un poco en mi recuerdo. Sé que papá llegó, me invitaron a su casa. Había un almuerzo delicioso, vaciaron valijas° semiabiertas y me entregaron tricotas inglesas, corbatas italianas, pelotas de tenis inglesas, un cortaplumas° suizo, camperas° americanas y banderines° de todos los países. Era la mejor Navidad de mi vida aunque estábamos en septiembre. El ambiente era distendido y cordial. Fue uno de mis días felices. Angélica ponía discos recién traídos, cantos del Tirol, las últimas sambas del Carnaval de Río compradas en el aeropuerto.

se ... become cloudy

maletas
pocketknife
windbreakers / pennants

Nuestra casa me pareció más triste y silenciosa que nunca. Me rodeaba un aire gris y pesado°, me parecía que para desplazarme° de un cuarto a otro iba a tener que usar machete, a tal punto° la atmósfera era sólida y hostil.

heavy
moverme
a ... at such a point

No sé cuántos días después me fui a la estancia y a la vuelta viví una o dos semanas en casa de abuelo. Mamá y Hernán se habían casado. Llegaron tarjetas impregnadas del más apasionado amor maternal.

Cuando volví a casa vi mi cuarto recién pintado. Hernán dijo que mis muebles ya no eran para un muchacho grande, fuimos a elegir otra cama, un escritorio, telas° para cortinados°, una alfombra. Vino un carpintero a instalar una biblioteca de petiribí°. Para facilitar esos arreglos volví a la estancia de los abuelos porque empezaban las vacaciones. No sé cuántas semanas pasé allí. En cambio° recuerdo con claridad mi regreso a la casa, mi deslumbramiento° ante los cambios de decoración y ante mi cuarto de muchacho grande.

fabrics / drapes

a type of wood

En ... However
bewilderment

Y el mundo empezó a cambiar como supe después que sólo cambia cuando uno está enamorado. Las cosas brillaban, los colores se imponían°, los ruidos eran confortables y prometedores; batían claras de huevo° en la cocina, clavaban° la

se ... demanded attention
batían ... they beat egg whites /
they were nailing

---

[4] A *bachiller* is one who has a high school diploma.

205 alfombra del living, ponían varios platos en la mesa, ya la casa
no crujía° en forma insólita° e indescifrable como sólo cruje   creak / strange
cuando entran fantasmas o ladrones.

    Hernán tenía una chica de mi edad que vivía con su madre y
venía los días de fiestas a almorzar a casa. Yo me enamoré un
210 poco de ella, ella se sentía halagada°. Mi vida se convirtió en una   flattered
sucesión de esperas dichosas°: que Marcela viniera a almorzar;   joyful
que Hernán me dejara fumar a escondidas de mamá; que papá y
Angélica me invitaran a comer de noche, a veces con algún Mi-
nistro que ya descontaba° mi brillante futuro; que mamá mirara   took for granted
215 apenas mi libreta de calificaciones°; que nos sentáramos a la   *libreta* ... report card
mesa como una familia ordenada y feliz. El mundo había
adquirido una armonía perfecta y cuando mamá me dijo: «Vas a
tener un hermano» los ojos se me llenaron de lágrimas de emo-
ción. De pronto comprendí que también eso me había faltado,
220 un hermano, alguien a quien querer, a quien proteger, a quien   *a* ... in my turn
hacer sufrir un poco a mi vez°, alguien para quien entrar o com-   bunny
prar un conejito° de jabón al pasar por la farmacia de la
esquina. «Vas a ser su padrino», dijo Hernán, y yo, que ya tenía
trece años, me eché° en sus brazos como un chiquilín°   *me* ... I threw myself / **niño**
225 cualquiera.

    Después leí en un diario que un señor en las Barrancas de
Belgrano dijo que había que oponerse al divorcio para proteger
a la familia. Yo comprendí que ese señor no había sido nunca un
chico solo.

230   Yo ahora tenía dos hogares que se disputaban mi presencia,
una mesa con varios asientos, una madre siempre en casa que
tejía° escarpines° bajo la lámpara y no trataba de arañar° comi-   knit / booties / scratch out
siones porque mi padre siempre se quedaba un poco corto en su
pensión alimenticia°. También aprendí eso: que por generoso   *pensión* ... alimony
235 que sea un hombre le duele desprenderse° de billetes que   to let go
escapan a su control. Para Hernán era un orgullo decirle a
mamá: «Me vas a arruinar» cuando ella reclamaba un vestido
nuevo, y agregaba en seguida: «pero quiero que seas la mujer
mejor vestida de Buenos Aires. Y este bandido (me señalaba)
240 tiene que ser un *playboy*». «Basta, vas a echar a perder al chico»,
gemía° mamá en broma°.   groaned / **chiste**

    «Éste va a volver locas a las mujeres°», decía Angélica. «Vas   *Éste* ... This one will drive
a echarme a perder al chico», protestaba papá. «Estoy seguro   women crazy
que hasta le das plata° a escondidas.» Y era verdad. Digan lo que   **dinero**
245 digan°, no hay nada más lindo que ser un chico feliz. Todo lo   *Digan* ... Whatever they may
demás es puro bla-bla-bla.   say

Actividades de postlectura

A. **Comprensión del cuento (Primera parte).**   Los siguientes sucesos del cuento no están en orden cronológico. Indique el orden en que ocurren en la columna de la derecha.

a. El padre se va de la casa.   1. . . .
b. La madre comienza a salir mucho.   2. . . .
c. Miss Ann se va de la casa.   3. . . .
d. El padre sale con el chico los domingos.   4. . . .
e. Los padres se pelean.   5. . . .
f. Los padres se divorcian.   6. . . .
g. La madre vuelve a casarse.   7. . . .
h. El padre vuelve a casarse.   8. . . .
i. La madre y el padrastro anuncian que tendrán un bebé.   9. . . .
j. El padre va a Europa de luna de miel.   10. . . .

B. **Comprensión del cuento (Segunda parte).**   Ahora que los sucesos del cuento están en orden cronológico, indique los sentimientos o la reacción de Pancho (el chico) a cada uno de ellos. Justifique su opinión con ejemplos del cuento. Algunas de las expresiones que puede usar son: *está alegre, está triste, está indiferente, está confundido, está enojado*.

C. **Voces.**   Hay varias personas que hablan en el cuento, pero la autora no siempre nos dice quién habla. Si esto fuera un drama, ¿quiénes dirían las siguientes líneas, el hijo, la madre o el padre?

1. . . . : —Las primeras noches me despertaba sobresaltado, corría hasta la puerta de mi cuarto, pegaba la oreja a la madera y trataba de oír.
2. . . . : —¡Sos un canalla!
   . . . : —Y vos una egoísta, una frívola, no te importa más que de vos misma.
3. . . . : —Ni siquiera por Pancho fuiste capaz de disimular . . .
   . . . : —Dejá a Pancho en paz, no tiene nada que ver con esto.
4. . . . : —Es tu hijo.
   . . . : —Eso está por verse.
5. . . . : —Si me voy me llevo al chico.
   . . . : —Antes te mato, Pancho se queda conmigo . . .
6. . . . : —Este chico me preocupa, hace ocho días que ha vuelto y recién hoy pregunta por su padre, ni se dio cuenta de su ausencia

o es medio retardado o es monstruosamente descariñado; creo que no quiere a nadie.

7. . . . : —Yo era un fantasma insignificante que no llamaba la atención de nadie con mi traje gris o mi guardapolvo gris.

8. . . . : —¿Adónde querés almorzar?

9. . . . : —¿Cuántos años tenés . . . doce?

. . . : —No, cumplí once hace tres meses y medio.

. . . : —Ah, entonces sos muy chico.

. . . : —¿Para qué?

. . . : —Para mujeres. ¿Te gustan las mujeres?

. . . : —No sé.

10. . . . : —Yo era indiscutiblemente un objeto valioso.

11. . . . : —Digan lo que digan, no hay nada más lindo que ser un chico feliz.

D. **Si todo fuera diferente.** ¿Cómo hubiera sido el cuento si algunos aspectos hubieran sido diferentes, por ejemplo, si la familia hubiera sido pobre en vez de rica? Compare sus ideas con las de un/a compañero/a.

¿Cómo sería el cuento si . . .

1. la familia de Pancho hubiera sido pobre en vez de rica?
2. Pancho no hubiera sido hijo único?
3. Pancho se hubiera quedado con su padre en vez de con su madre?
4. la madre no hubiera vuelto a casarse?
5. el padre no hubiera vuelto a casarse?

E. **Temas para conversar o para escribir**

1. En su opinión, ¿es feliz o triste el desenlace del cuento? ¿Es lo que anticipaba o fue una sorpresa? Explique su respuesta.
2. Analice la relación entre Pancho y su madre y la que existe entre Pancho y su padre.
3. ¿Cree Ud. que las reacciones de Pancho eran típicas de un chico de su edad? ¿Qué opina Ud. del chico? Explique su respuesta.
4. En este caso, ¿fue mejor para el chico que los padres se divorciaran? ¿Por qué?

Un día de éstos

Gabriel García Márquez

Gabriel García Márquez y
Fernando Botero son ambos
colombianos. Mire la cara de
las figuras, su tamaño y el
trasfondo (*background*) de la
pintura. ¿Qué representa
cada una de estas figuras?
¿Qué perspectiva de ellas
nos da el pintor? Después de
leer el cuento, compare la
perspectiva del escritor con la
del pintor.

Junta militar 1971,
Fernando Botero, Colombia

*T*he recipient of the 1982 Nobel Prize for Literature, Gabriel García Márquez is undoubtedly the best-known contemporary Latin American writer. He started his career as a newspaper reporter in his native Colombia and then began to write short stories and novels. In 1967, he achieved world fame with his novel *Cien años de soledad,* which appeared in English as *One Hundred Years of Solitude* and has been translated into more than thirty languages. More recently, García Márquez has also written and directed films.

"Un día de éstos" takes place in the office of the only dentist in a poor and dusty small town. Its background is "la violencia" that began in Colombia in 1948 and continued for more than a decade. About 200,000 people died in the conflict between liberals and conservatives that pitted brother against brother and neighbor against neighbor. "Un día de éstos" presents the reader with the effects of "la violencia" in microcosm.

Vocabulario

Palabras parecidas

Sustantivos	*Verbos*	*Adjetivos y adverbios*
el botón	inclinar	anterior
la desesperación	mover	extremadamente
el municipio	respirar	
el rencor	temblar	

Palabras engañosas

inferior   lower; inferior
retirar   to remove, take away, withdraw; to retire
suave   gentle, smooth, soft
el título   college or professional degree; title

Sinónimo ···

el gabinete   el consultorio (Colombia)

Palabras nuevas ···

Sustantivos

el alcalde/la alcaldesa   mayor
la fresa   dentist drill
la lágrima   tear
la mandíbula   jaw
la mejilla   cheek
la muela   molar (tooth)
la muñeca   wrist
el oro   gold
la sala de espera   waiting room
la ternura   tenderness

Verbos

abotonarse   to button up
apoyar   to support, lean, rest
apresurarse   to hurry up
hervir   to boil
secarse   to dry
suspirar   to sigh

Adjetivos

dolorido/a   painful
hinchado/a   swollen

Expresiones ···

a través de   across, through
pegar un tiro   to shoot

ponerse de pie   to stand up
por hacer   still to be done

Algunas partes del cuerpo son . . .

la mandíbula, la mejilla, la muela y **la muñeca.**

En el consultorio del dentista hay . . .

una sala de espera con un paciente que es **el alcalde** del pueblo, **oro** para los dientes y **una fresa.**

El dentista . . .

se pone de pie, se abotona la chaqueta blanca, mira al paciente con **ternura, hierve** sus instrumentos y **se apresura** porque todavía tiene trabajo **por hacer.**

El paciente . . .

apoya la cabeza en la mano, **se seca las lágrimas** y **suspira** cuando el dentista le toca el diente **dolorido** o la mejilla **hinchada.**

Actividades de prelectura

A. **Historia de un asesinato.**   Escoja la palabra o la expresión apropiada para completar las oraciones.

1. El asesino sacó su revólver y . . .
   a. arrestó a la víctima.   b. le pegó un tiro.   c. suspiró.
2. Después de cinco tiros, la víctima dejó de . . .
   a. respirar.   b. abotonarse la camisa.   c. apresurarse.
3. El primer tiro le había entrado en la cabeza a la víctima a través de . . .
   a. la fresa.   b. la muñeca.   c. la mandíbula.
4. Lo mató para robarle el reloj de oro que llevaba en . . .
   a. el diente.   b. la muñeca.   c. el botón.
5. La esposa de la víctima lloró silenciosamente, pero se le notaban . . .
   a. las mejillas.   b. las muelas.   c. las lágrimas.
6. Ella habló de su esposo con cariño y con . . .
   a. desesperación.   b. ternura.   c. rencor.
7. Vino la policía para . . .
   a. retirar el cadáver.   b. secarle las lágrimas.   c. apresurarse al hospital.

B. **El alcalde.**   Después de que un/a compañero/a le haga los siguientes comentarios, agregue un comentario suyo, usando un sinónimo de la palabra o expresión en cursiva.

1. El Sr. Romero es *un importante funcionario del municipio.*
   Ya lo creo. . . .
2. Como hombre importante, tiene *un diente* de *un metal valioso.*
   Sí, me di cuenta. Cuando sonríe se le puede ver . . .
3. ¿Lo has visto pasear *por el pueblo?*
   Sí, todos los días . . .
4. Yo quería hablar con él, pero siempre *tiene prisa.*
   Pues, como un hombre muy ocupado . . .
5. Me parece que en este pueblo hay mucho trabajo *sin terminar.*
   Tienes razón. Todavía . . .
6. ¿Por qué *te levantas?* ¿No puedes quedarte charlando un poco más?
   . . . porque . . .

C. En el consultorio del dentista.   Complete las frases con el verbo que se relaciona con la palabra en cursiva.

1. El dentista está . . . el último *botón* de la chaqueta.
2. Sus instrumentos están *hervidos*. Es necesario . . . -los por razones higiénicas.
3. El dentista se lava las manos y busca una toalla *seca* para . . . -selas.
4. El paciente tiene la cabeza *apoyada* en el respaldo del sillón. Tiene que . . . -la porque le duele mucho.
5. No . . . la cabeza porque cada *movimiento* le causa más dolor.
6. Al paciente se le escapa un gran *suspiro*. Está . . . debido a que tiene mucho dolor.

D. Preparación para leer.   ¿Qué imágenes le sugiere el dicho *Ojo por ojo y diente por diente*?   ¿Está Ud. de acuerdo con un concepto de justicia a partir de este dicho?   ¿Por qué?

E. Y más preparación.   Before you read the story, review your own experiences as a patient in the dentist's chair. Tell a classmate about them and ask about his/her experiences, using the following questions.

1. ¿Te gusta ir al/a la dentista? ¿Por qué sí o por qué no?
2. ¿Cómo es tu dentista? ¿Tiene título?
3. ¿Tiene tu dentista instrumentos modernos?
4. ¿Prefieres que te dé anestesia cuando te arregla los dientes? ¿Por qué sí o por qué no?
5. ¿Te ha sacado alguna vez una muela? ¿Con o sin anestesia?
6. ¿Has tenido alguna vez un absceso o conoces a alguien que lo haya tenido? ¿Fue muy doloroso?

Un día de éstos

Gabriel García Márquez

El lunes amaneció tibio° y sin lluvia. Don Aurelio Escovar, dentista sin título y buen madrugador°, abrió su gabinete a las seis. Sacó de la vidriera° una dentadura postiza° montada aún en el molde de yeso° y puso sobre la mesa un puñado° de instru-
5   mentos que ordenó de mayor a menor, como en una exposición. Llevaba una camisa a rayas°, sin cuello, cerrada arriba con un botón dorado, y los pantalones sostenidos con cargadores° elás-

warm
early riser
cabinet / *dentadura* ... set of
    false teeth / plaster / handful

a... striped
suspenders

ticos. Era rígido, enjuto°, con una mirada que raras veces　　**delgado**
correspondía a la situación, como la mirada de los sordos°.　　deaf

10　　Cuando tuvo las cosas dispuestas sobre la mesa rodó° la fresa　　he rolled
hacia el sillón de resortes° y se sentó a pulir° la dentadura postiza.　　*sillón* ... dentist's chair / polish
Parecía no pensar en lo que hacía, pero trabajaba con obsti-
nación, pedaleando en la fresa incluso cuando no se servía de ella.

　　Después de las ocho hizo una pausa para mirar el cielo por
15　la ventana y vio dos gallinazos° pensativos que se secaban al sol　　buzzards
en el caballete° de la casa vecina. Siguió trabajando con la idea　　roof ridge
de que antes del almuerzo volvería a llover. La voz destemplada°　　harsh, gruff
de su hijo de once años lo sacó de su abstracción.

　　—Papá.
20　　—Qué.
　　—Dice el alcalde que si le sacas una muela.
　　—Dile que no estoy aquí.

　　Estaba puliendo un diente de oro. Lo retiró a la distancia del
brazo y lo examinó con los ojos a medio cerrar°. En la salita de　　*a* ... half-closed
25　espera volvió a gritar su hijo.

　　—Dice que sí estás porque te está oyendo.

　　El dentista siguió examinando el diente. Sólo cuando lo
puso en la mesa con los trabajos terminados, dijo:

　　—Mejor.
30　　Volvió a operar la fresa. De una cajita de cartón° donde　　*cajita* ... cardboard box
guardaba las cosas por hacer, sacó un puente de varias piezas y
empezó a pulir el oro.

　　—Papá.
　　—Qué.
35　　Aún no había cambiado de expresión.

　　—Dice que si no le sacas la muela te pega un tiro.

　　Sin apresurarse, con un movimiento extremadamente tran-
quilo, dejó de pedalear en la fresa, la retiró del sillón y abrió por
completo la gaveta° inferior de la mesa. Allí estaba el revólver.　　drawer
40　　—Bueno —dijo—. Dile que venga a pegármelo.

　　Hizo girar° el sillón hasta quedar de frente a la puerta, la　　*Hizo* ... He turned
mano apoyada en el borde° de la gaveta. El alcalde apareció en　　edge
el umbral°. Se había afeitado la mejilla izquierda, pero en la　　threshold
otra, hinchada y dolorida, tenía una barba de cinco días. El den-
45　tista vio en sus ojos marchitos° muchas noches de deses-　　withered
peración. Cerró la gaveta con la punta de los dedos y dijo
suavemente:

　　—Siéntese.
　　—Buenos días —dijo el alcalde.
50　　—Buenos —dijo el dentista.

　　Mientras hervían los instrumentos, el alcalde apoyó el crá-
neo en el cabezal° de la silla y se sintió mejor. Respiraba un olor　　headrest
glacial. Era un gabinete pobre: una vieja silla de madera, la fresa

de pedal, y una vidriera con pomos de loza°. Frente a la silla, 55 una ventana con un cancel de tela° hasta la altura de un hombre. Cuando sintió que el dentista se acercaba, el alcalde afirmó los talones° y abrió la boca.

pomos ... porcelain bottles
cancel ... cloth folding screen

afirmó ... dug in his heels

Don Aurelio Escovar le movió la cara hacia la luz. Después de observar la muela dañada°, ajustó la mandíbula con una 60 cautelosa presión de los dedos.

bad

—Tiene que ser sin anestesia —dijo.

—¿Por qué?

—Porque tiene un absceso.

El alcalde lo miró en los ojos.

65 —Está bien —dijo, y trató de sonreír. El dentista no le correspondió. Llevó a la mesa de trabajo la cacerola° con los instrumentos hervidos y los sacó del agua con unas pinzas° frías, todavía sin apresurarse. Después rodó la escupidera° con la punta del zapato y fue a lavarse las manos en el aguamanil°. 70 Hizo todo sin mirar al alcalde. Pero el alcalde no lo perdió de vista.

pot
forceps
spittoon
wash basin

Era una cordal° inferior. El dentista abrió las piernas y apretó la muela con el gatillo° caliente. El alcalde se aferró a las barras de la silla°, descargó toda su fuerza en los pies y sintió un 75 vacío helado en los riñones°, pero no soltó un suspiro. El dentista sólo movió la muñeca. Sin rencor, más bien con una amarga° ternura, dijo:

wisdom tooth
forceps
se ... grabbed the arms of the chair / kidneys

bitter

—Aquí nos paga veinte muertos, teniente.

El alcalde sintió un crujido° de huesos en la mandíbula y sus 80 ojos se llenaron de lágrimas. Pero no suspiró hasta que no sintió salir la muela. Entonces la vio a través de las lágrimas. Le pareció tan extraña a su dolor, que no pudo entender la tortura de sus cinco noches anteriores. Inclinado sobre la escupidera, sudoroso°, jadeante°, se desabotonó la guerrera° y buscó a tien- 85 tas° el pañuelo en el bolsillo del pantalón. El dentista le dio un trapo° limpio.

crunch

sweaty / panting / military jacket
a ... blindly
rag

—Séquese las lágrimas —dijo.

El alcalde lo hizo. Estaba temblando. Mientras el dentista se lavaba las manos, vio el cielorraso desfondado° y una telaraña 90 polvorienta° con huevos de araña° e insectos muertos. El dentista regresó secándose las manos. "Acuéstese —dijo— y haga buches° de agua de sal." El alcalde se puso de pie, se despidió con un displicente° saludo militar, y se dirigió a la puerta estirando las piernas, sin abotonarse la guerrera.

[sic] *cielorraso* ... cracked ceiling / *telaraña* ... dusty spiderweb / spider
gargles
indifferent

95 —Me pasa la cuenta —dijo.

—¿A usted o al municipio?

El alcalde no lo miró. Cerró la puerta, y dijo, a través de la red° metálica:

screen

—Es la misma vaina°.

la ... one and the same (thing)

Actividades de postlectura

A. **Comprensión del cuento.**   Recuente con sus propias palabras la historia que acaba de leer. Lea las líneas impares (1, 3, 5, etc.) y complete la idea dando una o más oraciones para las líneas pares (2, 4, 6, etc.).

1. Don Aurelio Escovar, dentista sin título y buen madrugador, abrió su gabinete a las seis.
2. . . .
3. El hijo del dentista le dijo:—Dice el alcalde que si le sacas una muela.
4. . . .
5. Su hijo le dijo:—Dice que sí estás porque te está oyendo.
6. . . .
7. El hijo le dijo:—Dice que si no le sacas la muela te pega un tiro.
8. . . .
9. El alcalde apareció en el umbral.
10. . . .
11. —Tiene que ser sin anestesia—dijo el dentista.
12. . . .
13. El dentista abrió las piernas y apretó la muela con un gatillo caliente.
14. . . .
15. —Séquese las lágrimas—dijo el dentista.
16. . . .
17. —Me pasa la cuenta—dijo el alcalde.
18. . . .

B. **¿Qué pasó?**   Lea bien las siguientes líneas del cuento. Con un grupo de tres o cuatro personas explíquenlas contestando las preguntas que las siguen.

1. "Dile que no estoy aquí."
   ¿Por qué dice el dentista que no está en su gabinete cuando sí está?
2. "Dice que si no le sacas la muela te pega un tiro."
   ¿Cree Ud. que el alcalde le pegaría un tiro al dentista? Explique su respuesta.
3. ". . . abrió por completo la gaveta inferior de la mesa."
   ¿Por qué abrió el dentista la gaveta?
4. "Cerró la gaveta con la punta de los dedos . . ."
   ¿Cuándo cerró el dentista la gaveta abierta? ¿Por qué la cerró?

5. "—Tiene que ser sin anestesia —dijo.
  —¿Por qué?
  —Porque tiene un absceso."
  ¿Es verdad lo que dice el dentista? ¿Por qué lo dice?
6. "Pero el alcalde no lo perdió de vista."
  ¿Por qué mira el alcalde tanto al dentista en vez de cerrar los ojos?
7. "Aquí nos paga veinte muertos, teniente."
  ¿Qué significan estas palabras? ¿Por qué le dice "teniente" en vez de "señor" o "alcalde"?
8. "¿A Ud. o al municipio?"
  ¿Qué quieren decir esas palabras del dentista?
9. "Es la misma vaina."
  ¿Cómo se puede explicar que el municipio y el alcalde sean la misma vaina?

C. Temas para conversar o para escribir

1. Indique los elementos en el cuento que muestran el estado de pobreza del pueblo y sus habitantes.
2. Explique la venganza del dentista.
3. Explique el significado del título del cuento.
4. Comente sobre la forma en que el autor desarrolla la tensión en el cuento.
5. Explique la relación entre la obra de Botero y el cuento de García Márquez.

10

¿Cuáles son algunos elementos que figuran en este cuadro? ¿Cree Ud. que representan una perspectiva del pasado, del futuro o de la actualidad? ¿Por qué? ¿En qué piensa Ud. al mirarlo?

Knowledge Has Its Base in Energy. Without Energy Knowledge Is Not Possible II, Xul Solar, Argentina

Cassette

Enrique Anderson Imbert

*T*he Argentine author Enrique Anderson Imbert is a well-known writer of short stories and a literary critic who, for many years, was a professor at Harvard University. His writing often displays a wry sense of humor and a fascination with the fantastic, the supernatural, or the absurd.

Undoubtedly, you are familiar with several different types of cassettes. What do you use them for? When do you use them? And why do you use them? See if the cassettes you are familiar with correspond to those mentioned in the story.

Vocabulario

Palabras parecidas

Sustantivos	Verbos	Adjetivos
la anécdota	emitir	intermedio/a
el aparato	familiarizar	portátil
el calculador	transmitir	tecnológico/a
la cibernética		
el código		
la distracción		
la diversión		
el grado		
la imagen		
el método		
el satélite		
el signo		
el sistema		
la tecnología		

Palabras engañosas

integrar   to form, make up; to integrate
el dato   piece of data, information, fact

Sinónimos ··

el deber   la tarea
la distracción   el entretenimiento, el pasatiempo, la diversión
la materia   la asignatura

Palabras nuevas ··

Sustantivos

el aula   classroom
el entretenimiento   entertainment,
     amusement, diversion
la grabadora   tape recorder
el juguete   toy
la materia   academic subject
la mente   mind
la mirada   look
el pasatiempo   pastime, diversion,
     amusement
la población   population; inhabitants

Verbos

apagar   to turn off
crear   to create
distraer(se)   to distract
     (oneself)
encargar(se)   to take charge
encender   to turn on; to light
escoger   to choose, select
mejorar   to improve

Adjetivos y adverbios

entretanto   meanwhile
libre   free
mundial   world, worldwide

En contexto

En **el aula** de una escuela primaria hay...

...niños de primer **grado**.
...pocos **deberes**.
...**una grabadora**.
...**juguetes** educativos.
...**mentes** curiosas.
...**miradas** inteligentes.

En el colegio hay...

...muchas **distracciones**.
...**calculadoras** en la clase de matemáticas.
...**aparatos** en el laboratorio de biología.
...muchos **deberes**.
...poco tiempo **libre**.

En la universidad hay...

...diferentes **métodos** de enseñanza.
...**materias** sobre **la tecnología** moderna.

...**entretenimiento** los fines de semana.
...una perspectiva **mundial.**

¿Qué se puede hacer con este **aparato**? Puede...

...**encenderlo**.
...**escoger** la función que quiera.
...**distraerse** con ello.
...**apagarlo**.
...**mejorarlo**, es decir, crear uno mejor.

Actividades de prelectura

A. **Cosas útiles.** Dé una palabra apropiada para responder a las siguientes preguntas.

¿Qué se necesita para...

1. hacer cálculos?
2. distraerse?
3. entretenerse?
4. grabar?
5. jugar?
6. pensar?

B. **Familias de palabras.** Complete las siguientes oraciones con el verbo que corresponde al sustantivo en cursiva.

1. El inventor miró su *creación* y gritó: "Eche una *mirada* a lo que acabo de . . . ". Nosotros lo . . . y estábamos sorprendidos.
2. Era perfecto. No necesitaba ningún *mejoramiento*. Hubiera sido imposible . . . -lo.
3. Era un aparato que permitía la *transmisión* casi instantánea de información, usando las líneas telefónicas para . . . -la.
4. ¡Fantástico! ¿Pero era práctico ese invento o era sólo una *diversión*, un juguete sofisticado para . . . ?

C. **Categorías.** A continuación hay cinco categorías. ¿Cuántas palabras del Vocabulario (Palabras parecidas, Palabras engañosas, Sinónimos y Palabras nuevas) puede Ud. colocar (*place*) en cada categoría? Es posible que la misma palabra pertenezca a dos categorías. Luego, compare su lista con la de las otras personas de la clase y esté preparado/a para explicar su selección.

1. las matemáticas
2. la ciencia y la tecnología
3. la diversión
4. los estudios
5. los aparatos

D. **Preparación para leer.**   Reflexione un momento sobre la función de los libros. En su opinión, ¿cómo sería un mundo sin libros? ¿Qué tipo de tecnología podría sustituirlos?

E. **Y más preparación.**   Often it is necessary to read at least the first paragraph of a story to get an idea of its content. This story, though, is unusual in that it clearly gives some vital information and details in the first four sentences. Read them and then answer the following questions.

1. ¿Cuándo tiene lugar el cuento?
2. ¿Dónde tiene lugar?
3. ¿Quién es el personaje principal?
4. ¿Cuántos años tiene?

What do these opening lines lead you to expect? A science fiction story? One that is futuristic, yet within the realm of possibility? A story that is fantastic, supernatural, or absurd? After you have read "Cassette" decide whether the opening lines helped you to anticipate the content.

Cassette

Enrique Anderson Imbert

Año 2132. Lugar: aula de cibernética. Personaje: un niño de nueve años.

Se llama Blas. Por el potencial de su genotipo° ha sido escogido para la clase Alfa. O sea, que cuando crezca pasará a
5 integrar ese medio por ciento de la población mundial que se encarga del progreso. Entretanto, lo educan con rigor. La educación, en los primeros grados, se limita al presente: que Blas comprenda el método de la ciencia y se familiarice con el uso de los aparatos de comunicación. Después, en los grados interme-
10 dios, será una educación para el futuro: que descubra, que invente. La educación en el conocimiento del pasado todavía no es materia para su clase Alfa: a lo más, le cuentan una que otra anécdota en la historia de la tecnología.

Está en penitencia°. Su tutor lo ha encerrado° para que no
15 se distraiga y termine el deber de una vez.

Blas sigue con la vista una nube que pasa. Ha aparecido por la derecha de la ventana y muy airosa° se dirige hacia la izquierda. Quizá es la misma nube que otro niño, antes que él naciera, siguió con la vista en una mañana como ésta y al seguirla pensa-

genotype

Está... He is being punished. / confined him

gracefully

20 ba en un niño de una época anterior° que también la miró y en
tanto° la miraba creía recordar a otro niño que en otra vida... Y
la nube ha desaparecido.

Ganas de estudiar, Blas no tiene. Abre su cartera° y saca, no
el dispositivo° calculador, sino un juguete. Es una cassette.

25 Empieza a ver una aventura de cosmonautas. Cambia y se
pone a° oír un concierto de música estocástica°. Mientras ve y
oye, la imaginación se le escapa hacia aquellas gentes primitivas
del siglo XX, a las que justamente ayer se refirió el tutor en un
momento de distracción.

30 ¡Cómo se habrán° aburrido, sin esta cassette!

"Allá, en los comienzos de la revolución tecnológica —había
comentado el tutor— los pasatiempos se sucedían° como lentos
caracoles°. Un pasatiempo cada cincuenta años: de la pianola a la
grabadora, de la radio a la televisión, del cine mudo° y mono-
35 cromo al cine parlante° y policromo°".

¡Pobres! Sin esta cassette ¡cómo se habrán aburrido!

Blas, en su vertiginoso° siglo XXII, tiene a su alcance° miles
de entretenimientos. Su vida no transcurre en una ciudad sino
en el centro del universo. La cassette admite los más remotos
40 sonidos° e imágenes; transmite noticias desde satélites que viajan por el sistema solar; emite cuerpos en relieve; permite que él
converse, viéndose las caras, con un colono° de Marte; remite°
sus preguntas a una máquina computadora cuya memoria alma-
cena° datos fonéticamente articulados y él oye las respuestas.

45 (Voces, voces, voces, nada más que voces pues en el año
2132 el lenguaje es únicamente oral: las informaciones importantes se difunden mediante° fotografías, diagramas, guiños°
eléctricos, signos matemáticos.)

Sí, pero él se aburre. Estas diversiones ya están progra-
50 madas. Un gobierno de tecnócratas resuelve qué es lo que debe
ver y oír. Blas da vueltas° a la cassette entre las manos. La
enciende, la apaga. ¡Ah, podrán presentarle cosas para que él
piense sobre ellas pero no obligarlo a que piense así o asá°.

Ahora, por la derecha de la ventana, reaparece la nube. No
55 es nube: es él, él mismo que anda por el aire. En todo caso°, es
alguien como él, exactamente como él. De pronto a Blas se le
iluminan los ojos:

—¿No sería posible —se dice— mejorar esta cassette, hacer-
la más simple, más cómoda, más personal, más íntima, más
60 libre, sobre todo más libre?

Una cassette también portátil, pero que no dependa de
ninguna energía microelectrónica; que funcione sin necesidad
de oprimir° botones; que se encienda apenas se la toque con la
mirada y se apague en cuanto se le quite la vista de encima°; que
65 permita seleccionar cualquier tema y seguir su desarrollo° hacia

---

previa
en... **mientras**

schoolbag
device

se... **comienza** / random

Cómo... How they must have
  been
se... **ocurrían**
snails
silencioso
que habla / en colores

dizzying / reach

sounds

colonist / **envía**

stores

por / blinks

da... turns

así... this way or that

En... In any case

press
en... when you look away
development

adelante°, hacia atrás°, repitiendo un pasaje agradable o saltán-
dose° uno fastidioso°... Todo esto sin molestar a nadie, aunque
se esté rodeado de° muchas personas, pues nadie, sino quien use
tal cassette, podría participar en la fiesta. Tan perfecta sería
70 esa cassette que operaría directamente dentro de la mente. Si
reprodujera, por ejemplo, la conversación entre una mujer de la
Tierra y el piloto de un navío sideral° que acababa de llegar de
la nebulosa Andrómeda, tal cassette la proyectaría en una
pantalla° de nervios. La cabeza se llenaría de seres vivos°.
75 Entonces uno percibiría la entonación de cada voz, la expresión
de cada rostro°, la descripción de cada paisaje°, la intención de
cada signo... Porque, claro, también habría que inventar un
código de signos. No como esos de la matemática sino signos
que transcriban vocablos°: palabras impresas° en láminas° cosi-
80 das° en un volumen manual. Se obtendría así una portentosa
colaboración entre un artista solitario que crea formas simbóli-
cas y otro artista solitario que las recrea...

    —¡Esto sí que será una despampanante° novedad! —excla-
ma el niño—. El tutor me va a preguntar: "¿Terminaste ya tu
85 deber?" "No", le voy a contestar. Y cuando, rabioso° por mi
desparpajo°, se disponga a castigarme° otra vez ¡zas! lo dejo con
la boca abierta: "¡Señor mire en cambio° que proyectazo° le trai-
go!"...

    (Blas nunca ha oído hablar de su tocayo° Blas Pascal, a quien
90 el padre encerró para que no se distrajera con las ciencias y estu-
diase lenguas. Blas no sabe que así como en 1632 aquel otro Blas
de nueve años, dibujando° con tiza en la pared, reinventó la
Geometría de Euclides, él, en 2132, acaba de reinventar el libro.)

hacia... forward / *hacia...* backward / skipping over / annoying / *rodeado...* surrounded by	
navío... space ship	
screen / *seres...* **gente**	
cara / landscape	
palabras / printed / sheets sewn	
astounding	
furioso	
impudence / to punish me *en...* instead / huge project	
namesake	
drawing	

Actividades de postlectura

A. **Comprensión del cuento (Primera parte).**   Conteste las siguientes
preguntas para recontar el cuento.

1. ¿En qúe año tiene lugar el cuento?
2. ¿Dónde ocurre la acción?
3. ¿Cómo se llama el protagonista?
4. ¿Cuántos años tiene?
5. ¿Cómo sabe Ud. que es inteligente?
6. ¿Qué estudia en los primeros grados?

7. ¿Qué estudiará en los grados intermedios?
8. ¿Qué hace mientras está en penitencia?
9. ¿Cómo se comunica la gente del siglo XXII?
10. ¿Qué es lo que reinventa Blas?

B. **Comprensión del cuento (Segunda parte).** ¿Cómo es la cassette que tiene Blas? ¿Cómo es la creación de Blas? Indique cuáles de las siguientes frases describen su cassette y cuáles describen su creación. ¡Ojo! Algunas frases pertenecen a ambas categorías.

¿La cassette de Blas o la creación de Blas?

1. Es un juguete.
2. Funciona sin botones.
3. Es portátil.
4. Ofrece miles de entretenimientos.
5. Incluye todo el universo.
6. Tiene sonidos e imágenes.
7. No depende de la energía microelectrónica.
8. Transmite noticias desde satélites que viajan por el sistema solar.
9. Le permite conversar con gente en Marte.
10. Opera directamente dentro de la mente.
11. Le permite escuchar la voz y ver la cara y el paisaje.
12. Está programada por un gobierno de tecnócratas.
13. Le permite seleccionar cualquier tema y seguir su desarrollo.
14. Reproduce la conversación entre una persona de la Tierra y una persona de un navío sideral.
15. Funciona mediante un código de signos matemáticos.
16. Funciona mediante un código de signos que transcriben palabras.
17. Es una colaboración entre el autor y el lector.

C. **¿Será posible?** ¿Qué tipo de cuento es "Cassette"? ¿Es de ciencia-ficción? ¿Es un cuento futurista que nos da una idea de cómo será el mundo del futuro? ¿O es simplemente fantástico, una creación del autor? En grupos de cuatro o cinco personas, presenten sus opiniones dando ejemplos del cuento para apoyarlas. Después, hagan una encuesta para saber la opinión de la mayoría de la clase.

D. **La tecnología del presente y la del futuro.** ¿Qué papel tiene la tecnología en su vida hoy? ¿Qué papel tendrá en el futuro? Para hablar de este tema, formen ocho grupos. Cada grupo debe escoger uno de los siguientes temas y hablar de la tecnología que se usa hoy y cómo los desarrollos de la tecnología cambiarán este aspecto de la vida en el futuro.

1. la educación
2. la diversión
3. el trabajo
4. los medios de comunicación

5. la casa
6. el transporte
7. el medioambiente
8. la salud

E. Temas para conversar o para escribir

1. "La educación, en los primeros grados, se limita al presente: que Blas comprenda el método de la ciencia y se familiarice con el uso de los aparatos de comunicación. Después, en los grados intermedios, será una educación para el futuro: que descubra, que invente. La educación en el conocimiento del pasado todavía no es materia para su clase Alfa: a lo más, le cuentan una que otra anécdota en la historia de la tecnología." Compare su educación con la de Blas.

2. "Voces, voces, voces, nada más que voces pues en el año 2132 el lenguaje es únicamente oral: las informaciones importantes se difunden mediante fotografías, diagramas, guiños eléctricos, signos matemáticos." Imagine Ud. un mundo sin la palabra escrita. ¿Cómo sería en su opinión?

3. "Estas diversiones ya están programadas. Un gobierno de tecnócratas resuelve qué es lo que debe ver y oír. [...] ¡Ah, podrán presentarle cosas para que él piense sobre ellas pero no obligarlo a que piense así o asá." ¿Qué opina Ud. de un gobierno de tecnócratas? ¿Cómo sería?

4. El invento de Blas "es una colaboración entre el autor y el lector". Explique esta frase.

11

En este mural que está en el Parque Chicano de San Diego, California, se ven las grandes figuras del pasado y del presente de los mexi-cano-americanos. ¿Puede Ud. identificar algunos de ellos?

Mural: Chicano Park, San Diego, California

El caso de los veinticuatro Salomones

Alfonso Rodríguez

*B*y means of encroachment, colonization, the Gadsden Purchase, and the Treaty of Guadalupe Hidalgo, in the nineteenth century the United States acquired from Mexico a vast land area in the Southwest—the region that now forms the states of Texas, California, Arizona, Colorado, New Mexico, Nevada, Utah, and parts of Wyoming. Many of the Mexican-American families who live in that part of the country today are the descendants of the original Mexican and Spanish families that have inhabited the region for many generations. Others, like Alfonso Rodríguez, are from families that have immigrated more recently from Mexico.

Rodríguez is chairman of the Department of Hispanic Studies at the University of Northern Colorado and the author of *La otra frontera*, a collection of short stories that includes "El caso de los veinticuatro Salomones." Many of the characters in his stories are based on people from Rodríguez's hometown in Texas, just 43 miles from the Mexican border.

Vocabulario

Palabras parecidas

Sustantivos	Verbos	Adjetivos y adverbios
el caos	acusar	adecuado/a
la corte	combatir	arcaico/a
el detalle	conservar	caótico/a
el diagnóstico	desistir	dogmático/a
el espíritu	distinguirse	fervientemente
la incongruencia	irritar	indiscreto/a
el medicamento	persuadir	materno/a
la puntualidad	profesar	paterno/a
el/la sexagenario/a	restaurar	unánime

Palabras engañosas

el argumento   reasoning; argument
asistir a   to attend
la cuestión   issue
familiar   family (*adj.*)
la gripe   flu
intentar + *inf.*   to try to
soportar   to stand, tolerate

Sinónimos

aguantar   tolerar, soportar
estar dispuesto/a   estar listo/a, estar preparado/a
padecer   sufrir
la polémica   la controversia, la disputa, el debate

Palabras nuevas

Sustantivos

el apellido, el apelativo   surname (last name)
el apodo   nickname
el asunto   matter, issue
el ayuntamiento   town hall
el desaliento   discouragement
la fe   faith
la mayoría   majority
la minoría   minority
el nombre de pila   given (first) name
la receta   prescription
la reunión   meeting
el semáforo   traffic light
la señal   sign; gesture
el/la tocayo/a   namesake
el trámite   procedure, formality; paperwork

Verbos

acabar con   to end, finish
advertir   to notice; to warn, notify
aprovechar(se)   to take advantage
convertirse en   to become
deletrear   to spell (a word)
dirigirse   to address, speak to
durar   to last

pertenecer   to belong
proponer   to propose
quedar(se)   to stay, remain
soler + *inf.*   usually (do something)

Adjetivos

afligido/a   distressed, afflicted
equivocado/a   wrong
mayor   older; oldest

menor   younger; youngest
verdadero/a   real, genuine

Expresiones ···

al cabo de   at the end of
al fin y al cabo   after all; at last
llevar a cabo   to carry out
pedir la palabra   to ask to speak, take the floor
por otra parte   on the other hand
por una parte   on the one hand

En contexto

La identidad de una persona consiste en parte en . . .

...**el nombre de pila,** por ejemplo, Salomón.
...**el apellido,** por ejemplo, Santos.
...**el apodo,** por ejemplo, Paco o Carlitos.
A veces el hijo es **tocayo** del padre.

El **apellido** indica que una persona **pertenece** a un grupo **familiar.**
Al casarse, **la mayoría** de las mujeres de los Estados Unidos cambian su apellido por el de su esposo, pero **una minoría se queda** con su apellido de soltera (*maiden name*). ¿Cómo **deletrea** Ud. su nombre?

Algunas formas de comunicación son . . .

...tratar de **persuadir.**
...**dirigirse a** todos los que participan en la discusión.
...**pedir la palabra** en vez de interrumpir.
...**proponer** formas de evitar **una polémica.**
...**estar dispuesto/a a** escuchar otros puntos de vista.

Por otra parte, hay personas que prefieren . . .

...**el argumento** aun cuando saben que están **equivocadas.**

...dar **señales** de aburrimiento o **desaliento** cuando la polémica **dura** mucho tiempo y ya no **aguantan** más.

Generalmente, el/la médico/a . . .

...quiere saber de qué **padece** el/la paciente.

...hace **un diagnóstico** después de examinar a la persona **afligida.**

...**advierte** que el/la paciente tiene síntomas de **gripe.**

...le da **una receta** para un antibiótico o un medicamento que **acabará con** los síntomas.

La gente **suele** ir al **ayuntamiento** para . . .

...**llevar a cabo trámites** oficiales.

...**aprovecharse** de los servicios municipales.

...**asistir** a **una reunión.**

...dar su opinión sobre ciertas **cuestiones.**

...arreglar algunos **asuntos** oficiales.

...pedir la instalación de **un semáforo** para una esquina peligrosa.

Actividades de prelectura

A. **Preguntas personales.**   Para conocerse un poco mejor, háganse las siguientes preguntas con un/a compañero/a.

1. ¿Cuál es tu apellido? ¿Me lo puedes deletrear?
2. ¿Te gusta tu nombre de pila o hubieras preferido tener otro? ¿Es un nombre bíblico, de un personaje ficticio, de una persona famosa o de un familiar?
3. ¿Tienes algún tocayo o tocaya? ¿Quién es o quién era?
4. ¿Cómo figura tu nombre en la guía de teléfono?
5. Si pudieras escoger tu propio nombre o apodo, ¿cuál escogerías?
6. En tu opinión, ¿qué relación hay entre el apodo y la identidad, el carácter o la personalidad de las siguientes personas famosas: Sly Stallone, Madonna, Whoopi Goldberg, Magic Johnson, Tipper Gore?

B. **La reunión en el ayuntamiento.**   Escoja la(s) palabra(s) apropiada(s) para completar la oración. ¡Ojo! A veces hay más de una palabra apropiada.

1. Anoche (asistí a / atendí) una reunión en el ayuntamiento porque teníamos que tratar (una cuestión / un asunto / una pregunta) muy importante.

2. Claro, cada persona dio su versión de la (disputa / gripe / polémica).

3. Afortunadamente, en estas reuniones tenemos ciertas reglas. Primero, hay que (pedir la palabra / pedir más agua / estar dispuesto) antes de hablar.

4. Otra regla es que hay que (hablar con / dirigirse a / convertirse en) todos los presentes, y no sólo a un grupo.

5. (Me quedé / Duré / Pertenecí) allí hasta que (acabamos con / acabó conmigo / desistió) la reunión, aunque muchas veces tuve ganas de salir porque no (soporto / aguanto / aprovecho) los gritos.

6. (Al cabo de / Al fin y al cabo / Llevar a cabo) tres horas un hombre pidió la palabra y nos dijo: —Tenemos que (padecer / participar de buena fe / dar señales) si esperamos (al cabo de / llevar a cabo / al fin y al cabo) estos cambios que (proponemos / evitamos / intentamos) hacer.

C. **La última reunión.**   Imagine que Ud. o su compañero/a es la persona que asistió a la reunión. Háganse las siguientes preguntas, usando en su respuesta un antónimo de la palabra en cursiva.

1. A: ¿Cómo era la reunión? ¿Había *orden?*
   B: De ningún modo. Había . . .

2. A: ¿Cómo reaccionaron los presente, con *entusiasmo?*
   B: Yo diría que había más . . . que entusiasmo.

3. A: ¿Participó la *mayoría* en la discusión?
   B: No, dominó una . . . muy vociferante.

4. A: ¿Quiénes eran los más dogmáticos, los *menores?*
   B: A mí me parece que eran los . . .

5. A: ¿Crees que ellos *tienen razón?*
   B: No, desde mi punto de vista, ¡todos están . . . !

D. **Preparación para leer.**   ¿Tiene Ud. apodo? ¿Cuál es? ¿Prefiere que la gente se dirija a Ud. por su nombre de pila o por su apodo? ¿Por qué?

E. **Y más preparación.**   The first few sentences or the first paragraph of a story often will set the scene, offer a clue as to what will happen, or give an indication of the tone. Read the first two sentences of this story and then, before you continue, guess what will follow by deciding whether each of the following sentences is true (*cierta*) or false (*falsa*).

Este cuento . . .

1. es sobre doce hombres del mismo nombre que viven en un pequeño pueblo.

2. trata de las dificultades y las confusiones que resultan de esta situación.
3. tiene un tono humorístico.

El caso de los veinticuatro Salomones

Alfonso Rodríguez

En el pequeño pueblo había doce jefes de familia con el mismo nombre de pila y el mismo apelativo: Salomón Santos. Esta situación inaudita° daba lugar a toda suerte° de confu-   **extraordinaria / tipo**
siones e incongruencias que ponían una onerosa carga° en las   burden
5   doce familias. Se extraviaban° los cobros° del gas, del agua y de   Se ... went astray / **cuentas**
la luz. Llegaban equivocados a cada una de las casas telegramas,
cartas comerciales, cartas familiares, invitaciones a bodas y
quinceañeras. En una ocasión uno de los Salomones recibió una
carta del ayuntamiento en la que se le requería por ley que hiciera
10   acto de presencia° en la corte, en determinada fecha, para par-   *acto* ... appearance
ticipar en el proceso de selección de un jurado° que daría el   jury
fallo° en un importante juicio° jurídico°. La carta pasó por mano   verdict / trial / judicial
de todos los Salomones y el último resultó ser el verdadero des-
tinatario, pero para entonces el plazo° se había ya vencido° y le   time limit / expired
15   aplicaron una severa multa° que fue enviada a otro Salomón.   fine

En la clínica solían confundir los análisis de laboratorio de
un Salomón con los de otro Salomón, de manera tal que° se tro-   *de* ... so that
caban° los diagnósticos, y al que padecía de la próstata se le re-   *se* ... confused
cetaban medicamentos para combatir el problema de piedras en
20   la vesícula°, y el Salomón que vivía afligido por la diabetes, solía   *piedras* ... gallstones
recibir recetas de antibióticos para la gripe que le pertenecían a
otro Salomón.

Algunos Salomones profesaban fervientemente la fe católica;
otros eran protestantes dogmáticos de hueso colorado°. Y entre   *de* ... to the core
25   los doce había también aquéllos que mostraban una actitud de
indiferencia ante la fe cristiana. En ocasiones las familias
protestantes recibían visitas equivocadas del sacerdote°, que lle-   priest
gaba supuestamente a conversar sobre los preparativos de una
boda o de una misa° especial; y a veces, se daba el caso en que el   mass
30   pastor metodista, afanado° por restaurar a sus feligreses° espiri-   zealous / parishioners
tualmente resfriados° que habían dejado de asistir a la iglesia,   chilled

les caía por error a las familias católicas cuyo jefe se llamaba también Salomón Santos. La situación era desconcertante.

Sin embargo, lo que más irritaba a las doce infortunadas familias eran las llamadas telefónicas que sin falta llegaban a la hora de la cena, a las altas horas de la noche o muy temprano por la mañana, siempre destinadas a otro Salomón. Y lo que hacía aún más caótica la situación era que en cada una de las familias había un menor que se llamaba también Salomón. Algunos de los Salomones menores eran apenas recién nacidos°; y otros eran párvulos°; y los demás eran jóvenes hechos y derechos° y andaban ya enredados° en el noviazgo°. Estos últimos a cada rato recibían llamadas equivocadas, como sus mayores.

Una vez, al cabo de mucho tiempo de indecibles frustraciones, a uno de los Salomones se le ocurrió una idea peregrina°. Llamó a todos sus tocayos y los citó a una reunión para un domingo a las seis de la tarde en el Salón Hidalgo, anexo a la Placita Cinco de Mayo. Todo con el fin° de buscar una solución adecuada al dilema que tantos infortunios les había causado.

Con puntualidad asombrosa acudieron° los doce Salomones a la reunión dispuestos a poner fin a aquella pesadilla° que había llegado a convertirse en objeto de burlas° en todo el pueblo, situación de la que muchas personas mal intencionadas se valían para seguir causándoles dolores de cabeza. Antes de entrar en materia° acordaron que cualquiera determinación que tomaran debía ser por decisión unánime, así todos se comprometerían° a colaborar hacia la solución anhelada°.

—Yo propongo que no nos vayamos de aquí hasta que no encuéntremos[1] la manera de acabar con este dilema que nos está afectando a todos, dijo uno de los Salomones con firmeza. Lo que es yo, ya no aguanto más las úlceras.

—Yo secundo su proposición, tocayo, agregó otro Salomón en señal de solidaridad. Pienso que pa'° chistecitos como el que hemos tenido que soportar por tanto tiempo ya estuvo suave. Si seguimos así, vamos a venir parando en el merito manicomio°.

Animados por la buena fe y el entusiasmo que veían en sí mismos, se entregaron a la tarea de plantear° el asunto con toda franqueza. Por tres horas, sin descanso, estuvieron enfrascados° en una lluvia de ideas, y al final decidieron considerar seriamente dos alternativas. Uno de los Salomones sugirió que para evitar más errores cada uno acudiera° al recurso de emplear dos apellidos: el paterno y el materno, aunque ésa no fuese la costumbre en los Estados Unidos. Así, por ejemplo, se distinguirían unos de otros en la guía° de teléfono. Pero también en el banco,

recién ... newborn
niños
hechos ... mature / involved / courtship

extraña

motivo

vinieron
nightmare
chistes

entrar ... getting down to business
se ... commit themselves / **deseada**

para

venir ... end up in the insane asylum
state
involved

resort

directory

---

[1]Words such as *encuéntremos*, *váyamos*, *tráigamos*, *pos*, and *pa'* are regionalisms found in some parts of the southwestern United States.

75 en la clínica, en las oficinas de utilidades públicas y en el registro del ayuntamiento. Sin embargo, se vieron obligados a
descartar° la idea en cuanto se enteraron°, llenos de sorpresa, *discard / se ... found out*
que el segundo apellido —Surita— era el mismo en todos ellos.
La única diferencia radicaba° en que cinco de los Salomones **estaba**
80 deletreaban el apellido con ese, y los otros siete lo deletreaban
con zeta. Entonces otro Salomón, uno ya sexagenario, a quien
todo mundo apodaba El Semáforo (porque a cada rato le relam-
pagueaba° el ojo derecho) pegó un salto° de júbilo infantil, *flashed / pegó ... gave a jump*
exclamando:
85 —¡Ya se me prendió el foco°! ¡Ya se me prendió el foco! *se ... the light went on*
Y en seguida les expuso los detalles. Basándose en el princi-
pio de señoría°, él proponía que todos los Salomones mayores *seniority*
de cincuenta años conservaran intactos su nombre y apellido,
tal como° aparecían en la guía de teléfono. Los Salomones de *tal ... just as*
90 cuarenta a cuarenta y nueve años deberían hacer pequeñas
modificaciones. Por ejemplo: S.S. Surita, S.S. Zurita, Salomón
S. Zurita, S. Santos S., S. Santos Z. Y los menores de cuarenta
años deberían simplemente cambiarse de nombre y adoptar otro
de su preferencia que no causara tanto revuelo°, como Sandro, **agitación**
95 Sabino, Sansón, Sigifredo. Por otra parte, no era obligatorio que
adoptaran uno que comenzara con ese. Hicieron cálculos y
encontraron que, de llevarse a cabo aquella sugerencia insólita°, **rara**
únicamente tres Salomones conservarían el nombre y el apellido
que sus padres les habían dado al nacer. Los demás no sólo se
100 verían abrumados° por la engorrosa° tarea de hacer trámites *overwhelmed / **difícil***
para efectuar oficialmente todos aquellos cambios sino que
además perderían su identidad. Y la cuestión de la identidad,
todos, sin excepción, consideraban una cosa harto° seria. Eso sí **muy**
no podía tomarse a la ligera°. Era preferible sufrir toda una vida *a ... lightly*
105 de tropiezos°, incomprensiones e impertinencias a perder la **obstáculos**
identidad.
Entraron entonces en una disputa acalorada° que duró una *heated*
hora y media en la que los mayores intentaron persuadir a los
menores a que aceptaran los cambios que se habían sugerido. Al
110 fin y al cabo eso no significaba ninguna pérdida de la identidad,
ni mucho menos. Sin embargo, los unos no hicieron entrar en
razón a los otros y la discusión entró en el punto muerto°. Pero *punto ... stalemate*
lo peor fue que en el calor de la polémica algunos perdieron el
aplomo° dirigiéndose a sus compañeros en palabras ásperas° e *poise / harsh*
115 indiscretas, y otros se sintieron ofendidos. Salieron a relucir° *Salieron ... **Aparecieron***
cuestiones políticas y unos acusaron a otros de vendidos° o lam- *sell-outs*
biscones°. Estos reaccionaron llenos de insulto arguyendo que *bootlickers*
era preferible pasar por vendidos o lambiscones a seguir siendo
manipulados por políticos marrulleros° y sinvergüenzas° , aunque *manipulative / shameless*
120 fueran "de los nuestros".

Cuando advirtieron que habían ido a parar en un callejón sin salida° decidieron tomar un intermedio de veinte minutos, el cual aprovecharon para hacer uso del servicio sanitario°, beber agua, salir a fumarse un cigarrillo, y charlar de asuntos menos trascendentes. Muchos, además, hicieron cola° para utilizar el teléfono público del supermercado de la esquina y avisar en casa que no los esperaran antes de la medianoche.

Hacia la medianoche, y sin advertir el menor indicio° que pudiera acercarlos a la solución que buscaban, los doce Salomones empezaron a mostrar señales de desaliento. El semblante° caído por el hambre y el sueño junto con la actitud hosca° por las desavenencias° que habían surgido entre ellos le daban a la reunión un cariz° bastante pesimista. Ya estaban a punto de° desistir de su afán° por encontrar la solución anhelada a su embarazoso° dilema cuando uno de ellos se puso de pie y en una voz conciliatoria les exhortó:

—No, tocayos, no debemos dejar que se nos eche a perder° la cosa. Tan bonito que empezamos, hombre. Yo propongo que algunos de nosotros váyamos al *Oasis* y tráigamos tacos y chalupas con cervecitas heladas°. A lo mejor se nos levanta el ánimo° y quien quite° y hasta lléguemos a una buena conformidá. Por lo menos vamos a hacerle el último *try*. Y si no jala° la cosa pos° ni modo°. A ver, ¿qué dicen?

A todos les pareció una idea estupenda y pusieron manos a la obra.° Poco después, mientras compartían la cena de medianoche hicieron a un lado° las formalidades, suavizaron° las miradas duras y paulatinamente° fue prevaleciendo un espíritu de verdadera cordialidad. Comían, bebían y conversaban de cosas triviales. Sin advertirlo, comenzaron a tutearse y a utilizar los apodos al dirigirse unos a otros la palabra. De improviso°, uno de los Salomones, mejor conocido como la Naranja Ombligona°, le dijo al que estaba a su lado:

—Oye, Cucho, ¿te has fijado que por el nombre y el apellido no podemos distinguirnos pero por el sobrenombre° sí? ¿Qué te parece si pudiéramos pegarle° el sobrenombre al apellido? Pero así, de una manera oficial, que apareciera en la firma°, en el libro de teléfono, en la chequera°, en todos los documentos. Por ejemplo, tú veías el nombre completo, y al lado de cada nombre: la Charamusca°, el Besugo°, el Sanfarinfas°, el Nalga de Acre°, el Cacarizo°, y así sucesivamente. ¿Me entiendes?

—¡A qué Naranja Ombligona! ¡Qué ocurrencias las tuyas, hombre!, . . . oye, pero pensándolo bien, pue'° que tengas razón . . .

Cucho le comunicó la idea a Firuláis°; éste a la Bestia°, la Bestia a su vez habló con el Requesón°; y así fue circulando la noticia hasta que hizo todo el recorrido en torno a la enorme mesa rectangular. Entonces, el último, a quien apodaban el

---

parar ... come to a dead-end

servicio ... restroom

hicieron ... stood in line

señal

apariencia
surly / **desacuerdos**
aspecto
a ... about to / **deseo**
vergonzoso

eche ... spoil

ice cold / spirit
quien ... who knows
funciona / pues
ni ... what the heck

pusieron ... they got to work
hicieron ... put aside / softened
lentamente

De ... **De repente**

Naranja ... Big Navel Orange

apodo
stick
signature
check book

Peanut Brittle / Silly / Buffoon /
Nalga ... Big Butt /
Pockmarked
puede

Fido / Beast
Chubby

Chorreado°, se puso de pie y sonando las llaves de su automóvil   Grubby
contra la botella de cerveza vacía, pidió la palabra y les suplicó a
sus compañeros que guardaran° silencio por un momento: keep

170   —Yo no sé cuál sea el parecer de ustedes, tocayos, pero yo
creo que lo que propone la Naranja Ombligona tiene mucho
mérito. Si se pudiera llevar a cabo la idea tal vez nos daría la
solución que andamos buscando. Lo pior° que puede pasar es   **peor**
que no pasa nada, y si es así, pos nada perdemos, ¿verdá? Y si
175   da buenos resultados, pos no sólo nos quitamos de encima° esta   *nos ...* remove
maldición° que nos persigue como una sombra sino que tam-   curse
bién conservamos la identidá. Así que, yo creo que vale la pena
que háblemos más tocante a° esta idea. ¿Qué dicen ustedes?   *tocante ...* **sobre**
—¡Sí!, gritó en coro la mayoría.
180   Siguió una discusión amena° en la que la mayoría, desbor-   **agradable**
dada° de entusiasmo, se esforzó por persuadir a la minoría   overflowing
renuente° a que accediera a la voluntad expresada por la ma-   reluctant
yoría. Los pocos que no querían dar su brazo a torcer° estima-   *a ...* to be twisted
ban que sus apodos resultaban algo indecorosos para agregarlos
185   a sus nombres y hacerlos oficiales.
—Aquí entre nos°, pasa, se quejaba el Nalga de Acre . . .,   **nosotros**
pero lo que es en los cheques, en la licencia de manejar, en la
guía de teléfono y en otros documentos, ya ni la friegan°   *ni ...* it's too much
tocayos. Eso ya es pasarse un tantito de la raya°. ¿No les parece?   *pasarse ...* going too far
190   —Un sobrenombre no significa nada, y al mismo tiempo
significa mucho, dijo el Chorreado, que era el más veterano de
todos. Si quieres, Nalga de Acre, orita° mismo te buscamos otro   **ahora**
apodo que te guste más.
—¡Ah no! ¡Eso sí que no!, exclamó el Nalga de Acre. Me
195   quedo con el que tengo.
—Ya ves, contestó el Chorreado. Pos pa' qué son tantos saltos
siendo el suelo tan parejo°, hombre.   *saltos ...* jumping around if it's
¿Entonces qué? ¿Aceptas?   all the same
—Ta° bien, acepto, dijo el Nalga de Acre.   **Está**
200   Los argumentos persuasivos del Chorreado fueron poco a
poco minando la resistencia de los más recalcitrantes hasta que
todos se dieron por vencidos°. Cuando se despidieron para   *se ...* gave up
regresar a casa eran ya las dos y media de la mañana. Y aunque
tenían que levantarse muy temprano —unos para ir a trabajar a
205   la fábrica, otros para ir al campo a cortar espinaca°, y los demás   spinach
para atender a sus propios negocios— todos portaban una son-
risa jovial.
Los trámites que tuvieron que hacer los doce Salomones no
fueron en realidad tan exhaustivos como se había pensado al
210   principio; y cada uno llevó a cabo su cometido° con admirable   task
empeño°. A los pocos meses aparecieron las primeras manifesta-   commitment
ciones concretas de la resolución unánime que habían tomado

en aquella memorable ocasión. Se advirtieron° algunos cambios   **notaron**
pero al mismo tiempo las cosas siguieron igual. Por una parte,
215   la situación para los doce Salomones mayores mejoró notable-
mente al correr° de los años, pero por otra, las familias seguían   passing
afligidas, pues el caos de antes que los mayores procuraron tan
afanosamente° eliminar, lo heredaron° los menores.   **diligentemente** / inherited

   Entonces, éstos, instados° por sus padres, decidieron atacar   urged on
220   el problema a su manera°. Un domingo a las seis de la tarde se   *a ... in their own way*
reunieron como lo habían hecho sus mayores hacía muchos
años. El más jovencito acababa de cumplir quince años mientras que al otro extremo había uno que estaba llegándole a los
treinta y dos, ya casado y con cuatro de familia.
225   La reunión fue cordial y no duró más de cuarenta y cinco
minutos. Cuando se trajo a colación° la problemática de la iden-   *se ... **se discutió***
tidad todos estuvieron de acuerdo en que la identidad no la
determina el nombre sino los valores espirituales. Y aunque se
lamentaron de que su nombre, tan bello y arcaico, se hubiera
230   convertido en objeto de oprobio° para todos ellos, estuvieron   **vergüenza**
muy dispuestos a cambiarlo por otro que no se pareciera ni
siquiera remotamente al que ahora tenían. Eso sí, por respeto a
la familia decidieron unánimemente conservar el apellido intac-
to. Muy acomedidos°, unos a otros se ayudaron a escoger un   obliging
235   nombre con el cual cada Salomón quedó satisfecho, y al final
todos celebraron el logro°. Cuatro de ellos, los menores de edad,   achievement
escogieron nombres anglosajones: Marty, Stanley, Edward y
George. Otros cuatro, los de edad intermedia, escogieron nombres hispanos: Rodrigo, Fernando, Francisco y Doroteo. Y los
240   mayores escogieron nombres indígenas que alguna vez, de
niños, habían leído en libros que sus padres les habían traído de
México: Tizoc, Cuitláhuac, Cuauhtémoc y Tlacaelel. Todos
salieron de aquel recinto° convencidos de que habían obrado de   **lugar**
buena fe; convencidos también de que, al fin, habían dado con°   *dado ... found*
245   la solución que sus padres no habían podido encontrar debido a
que° les había faltado una visión más amplia de las cosas para   *debido ... **porque***
erradicar aquello que les hacía la vida imposible a las familias.
Los menores pensaban que ellos se habían despojado de° un   *se ... had shed*
ropaje deteriorado, como la serpiente se despoja de su piel°   skin
250   cuando ya no le sirve, cuando ya una piel nueva se ha formado y
la vieja sale sobrando°. Todos pensaban, además, que no habían   *sale ... becomes excess*
perdido sino ganado. Así percibieron ellos su situación. Y regre-
saron a casa con el triunfo en los ojos, como si se hubieran li-
berado de una carga muy pesada, con el espíritu renovado y
255   reafirmando su identidad.

Actividades de postlectura

A. **Comprensión del cuento.**   Para resumir el argumento del cuento, complete las siguientes oraciones.

1. El problema:. . .
2. Las dos soluciones sugeridas en la primera reunión:. . .
3. La solución rechazada y el motivo para rechazarla:. . .
4. La solución aceptada y el motivo para aceptarla:. . .
5. El motivo de la segunda reunión:. . .
6. La perspectiva de la identidad de los menores:. . .
7. La solución sugerida:. . .
8. Los nombres que escogieron:. . .

B. **El tema.**   El cuento tiene varios temas. En la opinión de la clase, ¿cuál es su orden de importancia? El seis representa el tema de mayor importancia y el uno el de menor importancia. Discútalos con sus compañeros, justificando su selección.

	1	2	3	4	5	6
1. las formas de resolver un problema	☐	☐	☐	☐	☐	☐
2. las maneras de evitar un conflicto	☐	☐	☐	☐	☐	☐
3. las diferencias entre las generaciones	☐	☐	☐	☐	☐	☐
4. la adaptación a las circunstancias y los tiempos	☐	☐	☐	☐	☐	☐
5. el respeto por la herencia y los mayores	☐	☐	☐	☐	☐	☐
6. la identidad	☐	☐	☐	☐	☐	☐

C. **Minidramas.**   Según el cuento, los veinticuatro Salomones tenían problemas con el correo, con las empresas de servicio público, en la clínica, con el clero (*clergy*) y con el teléfono. Con un/a compañero/a, escojan uno de los siguientes minidramas, prepárenlo y preséntenlo a la clase.

1. Ud. se llama Salomón Santos y recibe una llamada telefónica. Después de hablar un minuto, es evidente que Ud. no es el Salomón Santos con el que desea hablar la persona que llama. Después de aclarar la situación, dígale cortésmente que está equivocada.
2. Ud. quiere hablar con el Sr. Salomón Santos, y aunque no está seguro/a de su dirección, cree que vive en la calle Olivos. Llame a Información para pedir su número de teléfono. El/La operador/a le dirá que hay dos Salomones Santos que viven en la calle Olivos. Al saber esto, Ud. anota el número de los dos.

3. Ud. ha recibido una carta de la compañía eléctrica diciéndole que van a cortar el servicio porque Ud. no ha pagado la cuenta. ¡Pero Ud. sí la ha pagado! ¡Debe ser otro Salomón el que no la ha pagado! Sin embargo, es Ud. el que corre el peligro de que le corten la luz. Vaya a la compañía eléctrica para evitar que esto ocurra.

4. Ud. fue a la clínica ayer para sacarse unas radiografías, y hoy lo llamaron para decirle que Ud. padece de apendicitis y tiene que operarse inmediatamente. ¡Pero las radiografías que le sacaron son del brazo que le dolía! Trate de convencer al médico de que la radiografía del apéndice no es la que le corresponde a Ud.

5. El sacerdote ha venido a su casa para felicitarlo por la boda de su hija. ¡Pero Ud. tiene solamente hijos pequeños! Ud. no quiere interrumpirlo mientras habla, quiere ser diplomático y no quiere ofender al sacerdote, pero hay que decirle que está equivocado.

6. Ud. es maestro/a del quinto grado en la escuela. En su clase hay tres chicos que se llaman Salomón Santos. ¿Cómo será un día típico en su clase? (Este minidrama se hace con cuatro personas.)

D. Temas para conversar o para escribir

1. Yo no estoy satisfecho/a con la solución del problema y tengo otra. Es así . . .

2. ¿Cuáles son las técnicas humorísticas utilizadas por el autor?

3. Comente las diferencias entre las distintas generaciones en el cuento.

4. ¿Cómo se nota la influencia de la cultura mexicana y la cultura norteamericana en este cuento?

5. Mi familia tiene el mismo problema. Lo que nos pasa es lo siguiente . . .

12

Describa los ángeles que figuran en esta obra clásica. Si
Ud. encontrara un ángel en la
calle, ¿qué pensaría?
¿Esperaría que se pareciera
a los de este cuadro?

La Inmaculada Concepción,
Bartolomé Esteban Murillo,
España

El ángel caído

Cristina Peri Rossi

$\mathcal{C}$ristina Peri Rossi was born in Uruguay, but she left her native land in 1972 for political reasons, and since then she has lived and worked in Spain. In her poetry, essays, and short stories, she often draws upon universal symbols from history or mythology to reflect upon contemporary issues, preoccupations, or events. To quote from the author: "Yo creo símbolos, o los incorporo; pero las interpretaciones las dejo a la conciencia o al inconsciente del lector." The figure of the fallen angel appears in a number of Latin American short stories, but the one in this story will have a unique symbolic meaning for each reader.

Vocabulario

Palabras parecidas

Sustantivos	Verbos	Adjetivos
la cortesía	afirmar	abandonado/a
el descenso	argumentar	confuso/a
el espacio	cometer	diverso/a
el espíritu	constituir	herético/a
la estatua	emitir	melancólico/a
la hipótesis	ocasionar	superfluo/a
el/la observador/a	refutar	teológico/a
la simpatía	transmitir	
el síntoma		
la teoría		

Palabras engañosas

la capacidad ability
inclinar(se) to lean, bend over

Sinónimos

carecer (de) faltar, no tener
el idioma la lengua
permanecer quedarse
suceder ocurrir, pasar

Palabras nuevas

Sustantivos

el (las) ala(s) wings
el bulto bundle, shape
la caída fall
los demás others
el hombro shoulder
el pecado sin
el polvo (de tiza) powder (chalk)
el suelo ground
la vereda sidewalk

Verbos

detener(se) to stop
pecar to sin
suponer to suppose

Adjetivos

asombroso/a amazing, astonishing
caído/a fallen
celoso/a jealous
descompuesto/a broken, broken down
estrecho/a narrow, tight
mudo/a mute

Expresiones

dar un paseo to take a walk, stroll
echar de menos to miss
hacer caso (de/a) to take notice of, pay attention to
llamar la atención to catch (call) attention
prestar atención to pay attention

En contexto

En esta ciudad . . .

> . . .es lindo **dar un paseo** por las calles **estrechas** para ver lo que **sucede** y **detenerse** en **la vereda** para mirar a **los demás** y mirar todas las cosas **asombrosas** u ordinarias que **llaman la atención** . . .
>
> . . .hay automóviles **descompuestos, bultos** misteriosos en las sombras, palomas (*pigeons*) en **los hombros** de la estatua de un general, amantes **celosos** que se pelean, o . . . un ángel **caído** al **suelo** con **polvo** en **las alas**.

Hay que **hacerles caso a** las alarmas y **prestar**les **atención** a las sirenas. Hay gente nostálgica; aunque el observador **supone** que la ciudad **carece de** encantos, ha vuelto de visita porque la **echaba de menos**.

Actividades de prelectura

A. **Asociaciones.** Elija el tema al cual pertenece cada grupo de palabras. Los temas son: las cuestiones teológicas, el espacio, la comunicación verbal, la investigación científica, la lengua, los sentimientos.

1. el pecado, ser herético, el espíritu, los ángeles: . . .
2. el idioma, el dialecto, el acento: . . .
3. afirmar, argumentar, emitir, exclamar, interrumpir, refutar: . . .
4. ser celoso, estar confuso, ser melancólico: . . .
5. un satélite, dar un paseo en la luna, polvo de la luna: . . .
6. la hipótesis, la teoría, el misterio: . . .

B. **Preguntas personales.** Un/a compañero/a le hará las siguientes preguntas. Contéstelas y después hágaselas Ud. a él/ella.

1. ¿Dónde y cuándo te gusta dar un paseo?
2. Cuando das un paseo, ¿qué te llama la atención?
3. ¿En qué piensas cuando no prestas atención en una clase? ¿Por qué no prestas atención?
4. Cuando tus padres te dan consejos, ¿siempre les haces caso? ¿Por qué?
5. Cuando estás de viaje o lejos de tu casa, ¿a quién echas de menos?

C. Sinónimos y antónimos. Para aumentar su vocabulario, indique cuáles son los sinónimos y cuáles son los antónimos de la primera palabra en cada grupo.

1. faltar: carecer de / tener
2. permanecer: irse / quedarse / marcharse
3. caída: ascensión / descenso
4. detenerse: continuar / pararse / seguir
5. estrecho: angosto / ancho / amplio
6. igual: idéntico / antónimo / distinto / equivalente / diferente / sinónimo
7. mudo: callado / silencioso / hablador / conversador

D. Preparación para leer. Seguramente Ud. habrá visto representaciones de ángeles en televisión, en películas y en la literatura. ¿Cómo son? ¿Qué hacen? ¿Por qué vienen a la tierra?

E. Y más preparación. The title of this story refers to its protagonist. Before you start reading, exchange a few guesses with your classmates about the following questions. After reading the story, compare your guesses with what actually takes place in the story.

1. ¿Cómo es el ángel caído?
2. ¿Cómo es el sitio en que cae el ángel?
3. ¿Cómo reacciona la gente al ver al ángel caído?
4. ¿Qué le pasa al ángel?

El ángel caído

Cristina Peri Rossi

El ángel se precipitó° a tierra, exactamente igual que el satélite ruso que espiaba los movimientos en el mar de la X flota° norteamericana y perdió altura° cuando debía ser impulsado a una órbita firme de 950 kilómetros. Exactamente igual, por lo demás°, que el satélite norteamericano que espiaba los
5 movimientos de la flota rusa, en el mar del Norte y luego de una falsa maniobra° cayó a tierra. Pero mientras la caída de ambos ocasionó incontables catástrofes: la desertización de parte del Canadá, la extinción de varias clases de peces, la rotura° de los

se ... hurtled

fleet / altitude

por ... otherwise

maneuver

breaking

10   dientes de los habitantes de la región y la contaminación de los
suelos vecinos, la caída del ángel no causó ningún trastorno°   disturbance
ecológico. Por ser ingrávido° (misterio teológico acerca del cual   weightless
las dudas son heréticas) no destruyó, a su paso, ni los árboles
del camino, ni los hilos del alumbrado°, ni provocó interferen-   *hilos* ... power lines
15   cias en los programas de televisión, ni en la cadena° de radio; no   network
abrió un cráter en la faz° de la tierra ni envenenó° las aguas.   face / poisoned
Más bien, se depositó en la vereda, y allí, confuso, permaneció
sin moverse, víctima de un terrible mareo°.   dizziness
    Al principio, no llamó la atención de nadie, pues los habi-
20   tantes del lugar, hartos° de catástrofes nucleares, habían perdido   sick and tired
la capacidad de asombro° y estaban ocupados en reconstruir la   **sorprenderse**
ciudad, despejar° los escombros°, analizar los alimentos y el   clear away / rubble
agua, volver a levantar las casas y recuperar los muebles, igual
que hacen las hormigas° con el hormiguero destruido, aunque   ants
25   con más melancolía.
    —Creo que es un ángel —dijo el primer observador, contem-
plando la pequeña figura caída al borde de una estatua
descabezada° en la última deflagración°. En efecto: era un ángel   beheaded / fire storm
más bien° pequeño, con las alas mutiladas (no se sabe si a causa   *más* ... rather
30   de la caída) y un aspecto poco feliz.
    Pasó una mujer a su lado, pero estaba muy atareada° arras-   **ocupada**
trando° un cochecito° y no le prestó atención. Un perro   pulling / baby carriage
vagabundo y famélico°, en cambio, se acercó a sólo unos pasos   **con mucha hambre**
de distancia, pero se detuvo bruscamente: aquello, fuera lo que
35   fuera°, no olía°, y algo que no huele° puede decirse que no   *fuera* ... whatever it was / smell
existe, por tanto no iba a perder el tiempo. Lentamente (estaba   / smell
rengo°) se dio media vuelta.   lame
    Otro hombre que pasaba se detuvo, interesado, y lo miró
cautamente, pero sin tocarlo: temía que transmitiera radiaciones.
40   —Creo que es un ángel —repitió el primer observador, que
se sentía dueño de la primicia°.   discovery
    —Está bastante desvencijado° —opinó el último—. No creo   **descompuesto**
que sirva para nada.
    Al cabo de una hora, se había reunido un pequeño grupo de
45   personas. Ninguno lo tocaba, pero comentaban entre sí° y   *entre* ... among themselves
emitían diversas opiniones aunque nadie dudaba de que fuera
un ángel. La mayoría, en efecto, pensaba que se trataba de un
ángel caído, aunque no podían ponerse de acuerdo en cuanto a
las causas de su descenso. Se barajaron° diversas hipótesis.   *Se* ... Were toyed with
50   —Posiblemente ha pecado —manifestó un hombre joven, al
cual la contaminación había dejado calvo°.   **sin cabello**
    Era posible. Ahora bien, ¿qué clase de pecado podía cometer
un ángel? Estaba muy flaco como para pensar en la gula°; era   gluttony
demasiado feo como para pecar de orgullo; según afirmó uno de

55   los presentes, los ángeles carecían de progenitores°, por lo cual   ancestors
     era imposible que los hubiera deshonrado; a toda luz°, carecía   *a ...* **obviamente**
     de órganos sexuales, por lo cual la lujuria° estaba descartada°.   lust / discarded
     En cuanto a la curiosidad, no daba el menor síntoma de tenerla.

          —Hagámosle la pregunta por escrito —sugirió un señor
60   mayor que tenía un bastón° bajo el brazo.   cane
          La propuesta° fue aceptada y se nombró un actuario, pero   proposal
     cuando éste, muy formalmente, estaba dispuesto° a comenzar   **listo**
     su tarea, surgió° una pregunta desalentadora°: ¿qué idioma   **vino** / disheartening
     hablaban los ángeles? Nadie sabía la respuesta, aunque les
65   parecía que por un deber° de cortesía, el ángel visitante debía   **obligación**
     conocer la lengua que se hablaba en esa región del país (que era,
     por lo demás, un restringido° dialecto, del cual, empero°, se sen-   **limitado** / however
     tían inexplicablemente orgullosos).
          Entre tanto°, el ángel daba pocas señales de vida, aunque   *Entre ...* Meanwhile
70   nadie podía decir, en verdad, cuáles son las señales de vida de
     un ángel. Permanecía en la posición inicial, no se sabía si por
     comodidad° o por imposibilidad de moverse, y el tono azul de su   **confort**
     piel° ni aclaraba° ni ensombrecía°.   skin / cleared up / darkened
          —¿De qué raza es? —preguntó un joven que había llegado
75   tarde y se inclinaba sobre los hombros de los demás para con-
     templarlo mejor.
          Nadie sabía qué contestarle. No era ario° puro, lo cual   Aryan
     provocó la desilusión de varias personas; no era negro, lo que
     causó ciertas simpatías en algunos corazones; no era indio
80   (¿alguien puede imaginar un ángel indio?), ni amarillo: era más
     bien azul, y sobre este color no existían prejuicios, todavía,
     aunque comenzaban a formarse con extraordinaria rapidez.
          La edad de los ángeles constituía otro dilema. Si bien un
     grupo afirmaba que los ángeles *siempre* son niños, el aspecto del
85   ángel ni confirmaba ni refutaba esta teoría.
          Pero lo más asombroso era el color de los ojos del ángel.
     Nadie lo advirtió°, hasta que uno de ellos dijo: noticed
          —Lo más bonito son los ojos azules.
          Entonces una mujer que estaba muy cerca del ángel, le
90   contestó:
          —Pero, ¿qué dice? ¿No ven que son rosados°?   pink
          Un profesor de ciencias exactas que se encontraba de paso°,   *se ...* was passing by
     inclinó la cabeza para observar mejor los ojos del ángel y
     exclamó:
95   —Todos se equivocan. Son verdes.
          Cada uno de los presentes veía un color distinto, por lo cual,
     dedujeron que en realidad no eran de ningún color especial, sino
     de todos.
          —Esto le causará problemas cuando deba identificarse —
100 reflexionó un viejo funcionario administrativo° que tenía la den-   *funcionario ...* **empleado del**
     tadura postiza° y un gran anillo de oro en la mano derecha.   **gobierno** / *dentadura ...*
                                                                             false teeth

En cuanto al sexo, no había dudas: el ángel era asexuado, ni hembra° ni varón°, salvo° (hipótesis que pronto fue desechada°) que el sexo estuviera escondido en otra parte. Esto inquietó°
105 mucho a algunos de los presentes. Luego de una época de real confusión de sexos y desenfrenada° promiscuidad, el movimiento pendular de la historia (sencillo como un compás°) nos había devuelto a la feliz era de los sexos diferenciados, perfectamente reconocibles. Pero el ángel parecía ignorar esta evolución.
110 —Pobre —comentó una gentil señora que salía de su casa a hacer las compras, cuando se encontró con el ángel caído—. Me lo llevaría a casa, hasta que se compusiera°, pero tengo dos hijas adolescentes y si nadie puede decirme si se trata de un hombre o de una mujer, no lo haré, pues sería imprudente que conviviera°
115 con mis hijas.
—Yo tengo un perro y un gato —murmuró un caballero bien vestido, de agradable voz de barítono—. Se pondrían muy celosos si me lo llevo.
—Además habría que conocer sus antecedentes —argumentó
120 un hombre de dientes de conejo°, frente estrecha y anteojos de carey°, vestido de marrón—. Quizá se necesite una autorización—. Tenía aspecto de confidente de la policía, y esto desagradó° a los presentes, por lo cual no le respondieron.
—Y nadie sabe de qué se alimenta° —murmuró un hombre
125 simpático, de aspecto muy limpio, que sonreía luciendo° una hilera° de dientes blancos.
—Comen arenques° —afirmó un mendigo° que siempre estaba borracho y al que todo el mundo despreciaba por su mal olor°. Nadie le hizo caso.
130 —Me gustaría saber qué piensa —dijo un hombre que tenía la mirada brillante de los espíritus curiosos.
Pero la mayoría de los presentes opinaba que los ángeles no pensaban.
A alguien le pareció que el ángel había hecho un pequeño
135 movimiento con las piernas, lo cual provocó gran expectación.
—Seguramente quiere andar —comentó una anciana°.
—Nunca oí decir que los ángeles andaran —dijo una mujer de anchos° hombros y caderas°, vestida de color fucsia y comisuras° estrechas, algo escépticas—. Debería volar.
140 —Éste está descompuesto —le informó el hombre que se había acercado primero.
El ángel volvió a moverse casi imperceptiblemente.
—Quizá necesite ayuda —murmuró un joven estudiante, de aire melancólico.
145 —Yo aconsejo que no lo toquen. Ha atravesado° el espacio y puede estar cargado de° radiación —observó un hombre vivaz°, que se sentía orgulloso de su sentido común.

Glosses (right margin):

- **mujer / hombre / excepto** / discarded / upset
- wanton
- rhythm
- *se* ... got well
- **viviera junto**
- rabbit
- horn-rimmed (tortoise shell)
- displeased
- *se* ... **come**
- **mostrando**
- row
- herrings / beggar
- smell
- **vieja**
- broad / hips
- mouth corners
- *Ha* ... **Ha pasado por**
- *cargado* ... full of / lively

De pronto, sonó una alarma. Era la hora del simulacro de bombardeo° y todo el mundo debía correr a los refugios°, en la parte baja de los edificios. La operación debía realizarse con toda celeridad° y no podía perderse un solo instante. El grupo se disolvió rápidamente, abandonando al ángel, que continuaba en el mismo lugar.

simulacro ... bomb drill / shelters
rapidez

En breves segundos la ciudad quedó vacía, pero aún se escuchaba la alarma. Los automóviles habían sido abandonados en las aceras°, las tiendas estaban cerradas, las plazas vacías, los cines apagados, los televisores mudos. El ángel realizó otro pequeño movimiento.

veredas

Una mujer de mediana° edad, hombros caídos, y un viejo abrigo° rojo que alguna vez había sido extravagante se acercaba por la calle, caminando con tranquilidad, como si ignorara deliberadamente el ruido de las sirenas. Le temblaba algo el pulso, tenía una aureola° azul alrededor de los ojos y el cutis° era muy blanco, bastante fresco, todavía. Había salido con el pretexto de buscar cigarrillos, pero una vez en la calle, consideró que no valía la pena hacer caso de la alarma, y la idea de dar un paseo por una ciudad abandonada, vacía, le pareció muy seductora.

middle
coat

círculo / complexion

Cuando llegó cerca de la estatua descabezada, creyó ver un bulto en el suelo, a la altura del pedestal.

—¡Caramba! Un ángel —murmuró.

Un avión pasó por encima de° su cabeza y lanzó° una especie° de polvo de tiza. Alzó° los ojos, en un gesto instintivo, y luego dirigió la mirada hacia abajo°, al mudo bulto que apenas° se movía.

por ... over / threw
kind / She lifted
hacia ... downward / hardly

—No te asustes —le dijo la mujer al ángel—. Están desinfectando la ciudad. —El polvo le cubrió los hombros del abrigo rojo, los cabellos castaños que estaban un poco descuidados, el cuero° sin brillo° de los zapatos algo gastados°.

leather / shine / worn-out

—Si no te importa, te haré un rato de compañía —dijo la mujer, y se sentó a su lado. En realidad, era una mujer bastante inteligente, que procuraba° no molestar a nadie, tenía un gran sentido de su independencia pero sabía apreciar una buena amistad, un buen paseo solitario, un buen tabaco, un buen libro y una buena ocasión.

managed

—Es la primera vez que me encuentro con un ángel —comentó la mujer, encendiendo un cigarrillo—. Supongo que no ocurre muy a menudo.

Como imaginó, el ángel no hablaba.

—Supongo también —continuó— que no has tenido ninguna intención de hacernos una visita. Te has caído, simplemente, por algún desperfecto de la máquina. Lo que no ocurre en millones de años ocurre en un día, decía mi madre. Y fue a ocu-

rrirte precisamente a ti. Pero te darás cuenta de que fuera el que
fuera el ángel caído°, habría pensado lo mismo. No pudiste, con
195   seguridad, elegir el lugar.

La alarma había cesado y un silencio augusto cubría la ciudad. Ella odiaba ese silencio y procuraba no oírlo. Dio una
nueva pitada° al cigarrillo.

—Se vive como se puede. Yo tampoco estoy a gusto° en este
200   lugar, pero podría decir lo mismo de muchos otros que conozco.
No es cuestión de elegir, sino de soportar°. Y yo no tengo
demasiada paciencia, ni los cabellos rojos. Me gustaría saber si
alguien va a echarte de menos. Seguramente alguien habrá
advertido tu caída. Un accidente no previsto° en la organización
205   del universo, una alteración de los planes fijados°, igual que la
deflagración de una bomba o el escape de una espita°. Una posibilidad en billones, pero de todos modos, sucede, ¿no es cierto?

No esperaba una respuesta y no se preocupaba por el silencio
del ángel. El edificio del universo montado sobre la invención de
210   la palabra, a veces, le parecía superfluo. En cambio, el silencio
que ahora sobrecogía° la ciudad lo sentía como la invasión de
un ejército° enemigo que ocupa el territorio como una estrella
de innumerables brazos que lentamente se desmembra.

—Notarás en seguida —le informó al ángel— que nos regi-
215   mos° por medidas° de tiempo y de espacio, lo cual no disminuye,
sin embargo, nuestra incertidumbre°. Creo que ése será un golpe°
más duro para ti que la precipitación en tierra. Si eres capaz° de
distinguir los cuerpos, verás que nos dividimos en hombres y
mujeres, aunque esa distinción no revista° ninguna importancia,
220   porque tanto unos como otros morimos, sin excepción, y ése es el
acontecimiento° más importante de nuestras vidas.

Apagó° su cigarrillo. Había sido una imprudencia tenerlo
encendido, durante la alarma, pero su filosofía incluía algunos
desacatos° a las normas, como forma de la rebeldía. El ángel
225   esbozó° un pequeño movimiento, pero pareció interrumpirlo
antes de acabarlo. Ella lo miró con piedad°.

—¡Pobrecito! —exclamó—. Comprendo que no te sientas
demasiado estimulado a moverte. Pero el simulacro dura una
hora, aproximadamente. Será mejor que para entonces hayas
230   aprendido a moverte, de lo contrario, podrás ser atropellado°
por un auto, asfixiado por un escape° de gas, arrestado por
provocar desórdenes públicos e interrogado por la policía secreta. Y no te aconsejo que te subas al pedestal (le había parecido
que el ángel miraba la parte superior° de la columna como si se
235   tratara de una confortable cuna°), porque la política es muy
variable en nuestra ciudad, y el héroe de hoy es el traidor° de
mañana. Además, esta ciudad no eleva monumentos a los
extranjeros.

fuera ... no matter who the
   fallen angel was

puff
a ... **cómoda**

endure

foreseen
fixed, set
faucet

frightened
army

nos ... we are ruled / measures
uncertainty / blow
capable

tenga

suceso
She put out

disrespectful acts
intentó
pity

run over
leak

upper
cradle
traitor

De pronto, por una calle lateral°, un compacto grupo de sol-
240   dados, como escarabajos°, comenzó a desplazarse°, ocupando
las veredas, la calzada° y reptando° por los árboles. Se movían
en un orden que, con toda seguridad, había sido estudiado antes
y llevaban unos cascos° que irradiaban fuertes haces° de luz.

    —Ya están éstos —murmuró la mujer, con resignación—.
245   Seguramente me detendrán otra vez. No sé de qué clase de cielo
habrás caído tú —le dijo al ángel—, pero éstos, ciertamente,
parecen salidos del fondo° infernal de la tierra.

    En efecto, los escarabajos avanzaban con lentitud y seguridad.

    Ella se puso de pie, porque no le gustaba que la tomaran por
250   sorpresa ni que la tocaran demasiado. Extrajo° de su bolso el
carnet° de identificación, la cédula° administrativa, el registro
de vivienda°, los bonos de consumo° y dio unos pasos hacia adelante, con resignación.

    Entonces el ángel se puso de pie. Sacudió° levemente el
255   polvo de tiza que le cubría las piernas, los brazos, e intentó°
algunas flexiones. Después se preguntó si alguien echaría de
menos a la mujer que había caído, antes de ser introducida° con
violencia en el coche blindado°.

side
*beetles / **moverse***
***camino** / crawling*

helmets / rays

depth

Sacó
tarjeta / tarjeta
housing / bonos ... meal tickets

It dusted off
attempted

puesta
armored

Actividades de postlectura

A. **Comprensión del cuento.**   ¿Cómo es la ciudad en que cae el ángel?
Elija la palabra o frase apropiada para completar las siguientes oraciones.

    1. Hay satélites que (espían / transmiten programas de televisión).
    2. (Hay / No hay) destrucción ecológica.
    3. El medio ambiente (está / no está) contaminado.
    4. Es un sitio donde han ocurrido catástrofes (nucleares / naturales).
    5. Es una sociedad (militarista / democrática).
    6. La gente (es amable / tiene miedo).
    7. Hay simulacros de (bombardeos / desinfectar).
    8. Hay policía (secreta / capaz).
    9. La política cambia (frecuentemente / poco).
    10. La gente tiene que llevar muchos/as (tarjetas de identidad / bolsos).
    11. No se tolera el pensamiento (teológico / herético).
    12. El ejército (defiende / está en contra de) los ciudadanos.

B. **Minidrama.**   Dentro del cuento hay una escena como un minidrama.
Comienza en la línea 40 cuando el primer observador dice, "Creo que es un

ángel", y termina en la línea 148, "De pronto, sonó una alarma". Para presentar este minidrama en su clase, cada estudiante debe hacer lo siguiente: (1) representar uno o dos papeles, (2) leer con cuidado la descripción del personaje, y (3) usar su imaginación para crear una o dos frases más y agregárselas al diálogo. Los personajes son: el primer observador, la mujer arrastrando un cochecito, otro hombre que pasaba, el joven calvo, el señor mayor con bastón, el actuario, el joven que llega tarde, el profesor de ciencias exactas, el viejo funcionario administrativo, la gentil señora, el caballero bien vestido, el hombre con dientes de conejo, el hombre simpático, el mendigo, el hombre de mirada brillante, la anciana, la mujer vestida de color fucsia, el joven estudiante, el hombre vivaz y, por supuesto, el ángel (mudo pero con movimientos).

C. **Los pensamientos de un ángel.**   —Me gustaría saber qué piensa— dice uno de los personajes, pero el ángel permanece mudo durante todo el cuento. ¿Qué estará pensando? Trabaje con sus compañeros/as en dos grupos. Uno debe imaginarse lo que estará pensando el ángel mientras toda la gente lo mira; el otro debe imaginarse lo que estará pensando mientras la mujer le habla durante el simulacro. Después, cada grupo debe compartir sus ideas con el otro.

D. **Interpretaciones.**   Cristina Peri Rossi, la autora de "El ángel caído", ha dicho: "Yo creo símbolos, o los incorporo; pero las interpretaciones las dejo a la conciencia o al inconsciente del lector". ¿Cuál es su interpretación de este cuento?

E. **Temas para conversar o para escribir**

1. ¿Quién es la mujer que le habla al ángel durante el simulacro? ¿Qué representa? ¿Qué opina Ud. de ella?
2. ¿Quién echaría de menos al ángel? ¿Quién echaría de menos a la mujer?
3. El papel de las mujeres en el cuento.
4. La reacción del ángel cuando los soldados introducen a la mujer en el coche blindado.
5. Si Ud. se acuerda de la novela *1984* de George Orwell, compare su perspectiva del futuro con la de Cristina Peri Rossi, la autora de este cuento.

13

Estos hombres están bien vestidos, como caballeros, como el señor Tozlar del cuento. Pero, ¿qué hacen? ¿Cree Ud. que es riesgoso estar con ellos? ¿Por qué?

Alto riesgo,
Ernesto Bertani, Argentina

Tozlar lee a Melville

Enrique Medina

*E*nrique Medina is an Argentine novelist and short story writer whose works explore the shadowy areas and moral conflicts of modern life. In a harsh, unsparing style, he writes of the power of money, corruption, violence, and of those who live on the fringes of society, while never forgetting the persistent dreams and hopes that linger in even the hardest heart.

Mario Tozlar, the protagonist of this story, carries with him at all times a copy of *Bartleby*, a novel about an inconspicuous man by the nineteenth century American writer, Herman Melville. "Tozlar lee a Melville" takes place on a hydrofoil crossing the Río de la Plata, the river that flows between Argentina and Uruguay and empties into the Atlantic. Travellers going between the two countries by boat or hydrofoil begin or end their journey across the broad mouth of the river at the town of Colonia in Uruguay, which is where this story begins. The incident described here is based on one that actually occurred a number of years ago

Palabras parecidas

Sustantivos

la desilusión
el/la manipulador/a
el tráfico

Verbos

acompañar
calmar
controlar
escapar
impedir
reiterar

Adjetivos

infinito/a
perplejo/a

Palabras engañosas

chocar   to crash, collide
experimentar   to experience
intentar   to try

largo/a   long
la lectura   reading

Sinónimos

distinguir   ver
el rostro   la cara

Palabras nuevas

Sustantivos

el/la acompañante   companion
el aliscafo (Arg. & Urug.)   hydrofoil
la balsa   raft
el bote inflable   lifeboat
el/la camarero/a   cabin steward
la escotilla   hatchway of a ship
el humo   smoke
el incendio   fire
la llama   flame
la ola   wave
la oscuridad   darkness
el pasaje   fare; passengers
el portafolios   briefcase
el salvavidas   life jacket
el/la tripulante   crew member

Verbos

agarrar   to grab
ahogar   to drown;
   to suffocate, choke;
   to smother
hundir   to sink
lanzar(se)   to throw
lograr + *inf.*   to manage,
   achieve
quedar(se)   to remain, stay
saltar   to jump, leap
subir   to get on; to go up
tirar(se)   to throw, toss

Adjetivos y preposiciones

entre   between, among
gris   gray
hábil   clever, able, skillful, competent
hacia   toward
mojado/a   wet

Adverbios

justo   exactly

Expresiones

a pesar de   despite; although
darse cuenta de   to realize; to notice
debajo de   underneath
hacer(le) caso (a)   to pay attention (to)

En contexto

Cuando **un aliscafo** o un barco está para **hundir**, hay que...

...salir por **las escotillas.**
...**hacerle caso a** lo que dicen **los camareros** y otros **tripulantes.**
...**agarrar un salvavidas.**
...**lanzar las balsas** en **las olas** del mar.
...**saltar hacia los botes inflables.**
...esperar que **las olas** no sean muy grandes.

Entre otras cosas, en caso de **un incendio**, hay que...

...**intentar controlarlo.**
...**lograr** mantener la calma **a pesar de** las circunstancias.
...**escapar** lo más pronto posible.
...**darse cuenta de** la importancia de **calmar** el pánico.
...evitar **el humo** y **las llamas** para no **ahogarse.**
...taparse **el rostro** con una toalla **mojada.**

Lo que no hay que hacer es...

...**quedarse** en el edificio o el barco.
...**tirarse** por una ventana.

Actividades de prelectura

A. Preguntas personales. Para saber más de lo que han experimentado sus compañeros/as, formen grupos de tres o cuatro personas para contestar las siguientes preguntas.

1. ¿Has viajado alguna vez en un aliscafo? ¿Adónde? ¿Cuándo? ¿Era un viaje corto o largo? ¿Te gustó la experiencia? ¿Por qué?
2. ¿Has tenido un choque en tu coche alguna vez? ¿Dónde? ¿Cuándo? ¿Estuviste solo/a en el coche o te acompañaba alguien? ¿Quién manejaba? ¿Ocurrió el accidente en la oscuridad de la noche o durante el día? ¿Quién tuvo la culpa del choque? ¿Nos puedes contar algo más del accidente?
3. ¿Has estado alguna vez en un incendio? ¿Dónde? ¿Cuándo? ¿Qué hiciste?
4. ¿Has estado alguna vez en una balsa? ¿Dónde? ¿Cuándo? ¿Por qué? ¿Llevabas puesto un salvavidas en la balsa? ¿Estabas mojado/a?
5. ¿Te gustaría ser tripulante en un barco o un avión? ¿Por qué?

B. **¡Lógico!**   ¿Qué hacen las siguientes personas o cosas? Forme oraciones completas usando una palabra de cada columna. Cuando vea ¿...? Ud. puede usar cualquier palabra que quiera.

Columna A	Columna B	Columna C	Columna D
1. un conductor	acompañar	a	la balsa
2. un prisionero	agarrar	con	la pelota
3. dos coches	ahogar	de	la escotilla
4. los estudiantes	chocar	en	el pasaje
5. un abogado	distinguir	por	el bote inflable
6. algunos aventureros	hundir	¿...?	el salvavidas
7. los nadadores	darse cuenta de		la lectura
8. los pasajeros	hacerle caso		las olas
9. los beisbolistas	lanzar		el aliscafo
10. los jugadores de básquetbol	quedar(se)		las llamas
	saltar		el humo
	tirar		¿...?
	escapar		
	¿...?		

C. **Preparación para leer.**   A veces nos encontramos en situaciones que entrañan (*involve*) algún dilema moral. Piense en una situación en la cual Ud. haya tenido que considerar o que escoger entre dos o más principios importantes. Cuéntesela a un/a compañero/a utilizando como guía las siguientes preguntas.

1. ¿Cuál fue la situación?
2. ¿Cuáles son los principios en juego (*at stake*)?
3. ¿Hubo que negociar algo?
4. ¿Se resolvió finalmente la situación? ¿Cómo?

D. **Y más preparación.**   The title of this story is rather cryptic, but having studied the vocabulary before reaching this activity, you probably have a good idea of what to expect. Sometimes, especially in an action-packed story like this one, it is helpful to read the first line of each paragraph to get an idea of what the story will be about. Do so, and then ask a partner the following questions.

1. ¿Es la "pasta" algo legal o ilegal?
2. ¿Habrá un incendio en el cuento?
3. ¿Habrá un interés romántico?
4. ¿Dónde tiene lugar el cuento?

C. **¿Cómo se explica...?**   Hay ciertos enigmas en el cuento. Con un grupo de tres o cuatro compañeros/as, explíquenlos y luego decidan cuál es la explicación más razonable de las que se ofrecen para cada uno.

1. Siempre lee la misma página del mismo libro.
2. La "pasta" no está mojada después del desastre.
3. Aunque gana mucho traficando de "pasta", prefiere no pagar el pasaje en el aliscafo.
4. La mujer no deja de mirar a Tozlar.
5. Tozlar se siente atraído a la mujer.

D. **Mesa redonda.**   El cuento nos presenta con un dilema moral. ¿Es Mario Tozlar un hombre moral, amoral o inmoral? Al hablar de esta pregunta, apoyen sus ideas con ejemplos del cuento.

E. **Temas para conversar o para escribir.**

1. En su opinión, ¿cambiará Tozlar su vida como consecuencia del encuentro con la mujer y el desastre que sobrevivió?
2. "Apretando el portafolios contra su cuerpo, Tozlar tomó a la mujer de un brazo y la impulsó hacia las escotillas rotas. Extrañamente tranquila, la mujer [...] lo agarró del brazo con fuerzas, como quien se aferra al cielo azul antes de ser fusilado. Supo él [...] que ella conservaba desde mucho tiempo atrás un secreto, un peligro a superar, un desamparo intenso y doloroso."
   El autor no dice cuál es el secreto que la mujer conserva, el peligro que tiene que superar, o la razón de su desamparo. ¿Qué cree Ud. que son?
3. "Vio al acompañante, tan mojado como él, lamentándose ante un policía."
   ¿Qué le contaría el acompañante al policía? Dé su versión de lo que ocurrió.
4. Este cuento utiliza como punto de partida un desastre que realmente ocurrió cuando un aliscafo que viajaba entre Colonia y Buenos Aires se incendió y se hundió. Escriba un artículo periodístico sobre este desastre o haga un reportaje de dos minutos para el noticiero de la televisión.

14

Garage Sale

Juan Armando Epple

Esta foto es de una escena que se ve frecuentemente en las vecindades de los Estados Unidos. ¿Por qué hace la gente un *garage sale*? ¿Le gusta a Ud. comprar cosas allí? ¿Ha encontrado alguna vez alguna cosa rara o valiosa en venta en un *garage sale*? ¿Qué era?

Garage Sale

*I*n September of 1973, the Armed Forces of Chile rebelled against the popularly elected government of President Salvador Allende and demanded his resignation. After Allende died in the ensuing struggle and the Armed Forces took over the government, Chile became a military dictatorship under the control of Augusto Pinochet, the general who led the coup. During this military regime which lasted until 1989, thousands of Chileans fled their native land to avoid being tortured, killed, or imprisoned. Many of those who left had the letter "L" stamped on their passports, indicating that they could not return to Chile. Among them was Juan Armando Epple, the author of "Garage Sale." In his native country he had been a professor; upon arriving in the United States, he continued his studies at Harvard University, and since 1980 has been teaching at the University of Oregon.

In this story about a family of Chilean exiles similar to his own, Epple tells of the dilemmas of exile and the process of adaptation from three different perspectives: those of the father, the mother, and their young daughter. Drawn with charm and wit, these pictures offer us a view of American life and culture as seen by a family that has immigrated to the United States due to political, rather than economic, necessity.

Palabras parecidas ···

Sustantivos	Verbos	Adjetivos
la adquisición	acumular	básico/a
la comparación	coleccionar	convencido/a
la curiosidad	competir	enérgico/a
el dilema	criticar	estable
el entusiasmo	equipar	idealizado/a
el espacio	examinar	improvisado/a
el/la exiliado/a	instalar	impulsivo/a

135

el exilio   obligar
el horizonte   optar
el/la inmigrante
el insulto
el mapa
el objeto
la obsesión
la ruta
la serie
la técnica
la variedad

Palabras engañosas

el departamento   apartment
la dirección   address
el dormitorio   bedroom
familiar (*adj.*)   family
la forma   way; form
el/la pariente   relative
el rato   while; moment
últimamente   lately
único/a   only; unique

Sinónimos

el dormitorio   la alcoba
juntarse   reunirse

Palabras nuevas

Sustantivos

el/la anciano/a   old person
la aspiradora   vacuum cleaner
la cordillera   mountain range
el dibujo   drawing
la herramienta   tool
la huerta   vegetable garden
la olla   cooking pot
el pasaje   ticket (airline, boat)
la rueda   wheel
el valor   value

Verbos

agregar   to add
alcanzar(se)   to reach; to succeed, manage
aprovechar(se)   to take advantage of, make good use of
detener(se)   to stop (off)
encargar(se)   to put in charge, assign; to take charge of
juntar(se)   to get together
merecer   to deserve
meter(se)   to put (into)
parar(se)   to stop
quedar(se)   to be; to stay, remain
recorrer   to travel around/through
regalar   to give (a gift)

Adjetivos

inesperado/a   unexpected
valioso/a   valuable

Expresiones

a la venta, para la venta   on sale, for sale
a medida que   as, at the same time as, while
dar una vuelta   to go for a ride; to take a walk; to go around
de reojo   out of the corner of one's eye

En contexto

En una casa o un **departmento** . . .

...a veces **la dirección** está en la puerta.
...a veces no hay suficiente **espacio.**
...se puede ver **una variedad** de **objetos** que **han acumulado**
   o **coleccionado** los residentes.
...**los dibujos** de los niños están en la puerta del refrigerador.
...hay algunas **herramientas** para arreglar cosas.
...hay **ollas** para cocinar.
...hay **una aspiradora** con **ruedas** para hacer la limpieza.
...hay varios **objetos** de **valor** sentimental.
...**los parientes se quedan** cuando vienen de visita.
...los residentes **se juntan** con sus amigos.

¡Vamos a **dar una vuelta** en el nuevo coche que me **regalaron** mis abuelos! Como son **ancianos**, ya no manejan más. Sin embargo, son **enérgicos.** Acaban de comprarse **pasajes** para **recorrer** el mundo en barco. Claro, el coche es viejo y no muy **valioso,** pero todavía anda. ¿Te gustaría **aprovechar** el día hermoso para **recorrer la cordillera** que no está muy lejos de aquí? ¡Mira! Te voy a **dibujar un mapa** de los lugares adonde vamos. Y si vemos **una huerta** vamos a **pararnos** para ver si tienen verduras frescas **a la venta.** Mientras examinas **el mapa,** voy a **meter** más gasolina en el tanque porque la cantidad que tengo no **nos alcanza.**

Actividades de prelectura

A. **Cuéntame de ti.** Para conocerse mejor, háganse las siguientes preguntas en un grupo de tres o cuatro compañeros/as.

1. ¿Crees que eres una persona estable?
2. ¿Eres impulsivo/a a veces? ¿Siempre? ¿Nunca?
3. ¿A qué hora del día eres más enérgico/a?
4. ¿Te gusta competir? ¿En qué?
5. ¿Qué cosas estimulan tu curiosidad intelectual?
6. ¿Qué actividades haces con entusiasmo?
7. ¿Cuándo miras a una persona de reojo?
8. ¿Tienes alguna obsesión? ¿Cuál es?
9. ¿Has corrido alguna vez en un maratón? ¿Dónde? ¿Cuándo?
10. ¿Sueñas con hacer alpinismo (*mountain climbing*) en la cordillera de los Andes? ¿Por qué?
11. ¿Dibujas garabatos (*doodles*) mientras hablas por teléfono? ¿Por qué?
12. ¿Dónde te juntas con tus amigos?
13. ¿Qué haces cuando sacas una nota inesperada que no crees que merezcas?
14. ¿Tienes muchos parientes? ¿Dónde viven?
15. ¿Eres hijo/a único/a o tienes hermanos? ¿Cuántos?
16. ¿Eres inmigrante o hijo/a de inmigrantes? ¿De qué país?

B. **¿Para qué?** Para contar los usos de las siguientes cosas, complete las siguientes frases con un infinitivo más (*plus*) otras palabras que completen la idea. Después, compare su lista con las de otros miembros de la clase para ver quién tiene la frase más breve, más larga, más cómica o más apropiada.

1. Un dormitorio es para . . .
2. Una aspiradora es para . . .
3. Una herramienta es para . . .
4. Una huerta es para . . .
5. Una olla es para . . .
6. Un pasaje es para . . .
7. Una dirección es para . . .
8. Un insulto es para . . .
9. Un mapa es para . . .
10. Una ruta es para . . .
11. Un regalo es para . . .
12. Un dibujo es para . . .

C. **Un viaje en autobús.** Imagine que su compañero/a le está contando de su viaje en autobús por México. Para saber más detalles sobre el viaje, hágale las siguientes preguntas. Su compañero/a le va a contestar usando en su respuesta un sinónimo de la palabra en cursiva. Por ejemplo, cuando Ud. pregunta "¿Es cómodo el *departamento* de tus amigos mexicanos?", su compañero/a puede responder "Sí, el *apartamento* de mis amigos mexicanos es muy cómodo".

1. ¿*Recorrieron* el país en sólo dos semanas?
2. ¿*Se detuvieron* en todas las ciudades principales?
3. ¿Miraron cómo una *anciana* preparaba tortillas?
4. ¿Las habitaciones de los hoteles eran como tu *alcoba* en casa?
5. ¿*Se reunieron* con unos amigos mexicanos?
6. ¿Estaban *los caminos* en buenas condiciones?
7. ¿*Les revisaron* las maletas en la aduana (*customs*)?
8. ¿*Acumulaste* muchos recuerdos?

D. **Preparación para leer.** Con un/a compañero/a, comente los siguentes puntos.

1. ¿Por qué cree Ud. que el título del cuento es en inglés?
2. ¿En qué piensa Ud. al escuchar la expresión *garage sale*?
3. ¿Con qué motivo se hace un *garage sale*?

E. **Y más preparación.**   Although this story has three different narrators, it is not difficult to determine who is the speaker once you realize that a double space indicates that there is a change of voice. The narrators are Darío, the father of the family; Marta, the mother; and their young daughter, Marisol. When you come to a double space while reading, quickly skim the next one or two paragraphs to find a clue about the identity of the narrator before reading on. Practice first by identifying the narrators of the following sentences or phrases from the story. The voice of the narrator of the last section is not given, but by then you will know enough of the story to be able to guess easily.

1. La typewriter de mi daddy...
2. —Apuesto que tu papá quería ver el noticiero y tú le cambiaste el canal...
3. ...el inglés... es como hablar masticando una papa, explica Marta...
4. ...embalar y desembalar los libros de Darío...
5. En la escuela no saben dónde queda Chile...
6. Darío se paró y caminó hacia la cocina...
7. Yo aproveché para ir a encerrarme a la oficina...
8. Esa noche, durante la cena, noté que Darío estaba más callado que de costumbre...

Garage Sale
Juan Armando Epple

Voy a dar una vuelta, dijo, y antes que alcanzara a preguntarle adónde, ya estaba sacando el auto en retroceso°, metiendo las ruedas en los lirios° que él mismo se había encargado de trasplantar desde la casa que tuvimos en Springfield, antes de
5 trasladarnos a Eugene. Los lirios son los más perjudicados° cuando anda enrabiado° o confundido con alguno de esos trabajos que le suelen encargar, y que empieza a escribir con entusiasmo pero luego deja de lado explicando que no puede agarrar bien el hilo°.
10 La typewriter de mi daddy es como la sewing machine que tiene mi mamá, esa que compró usada en un garage sale y que a veces trabaja[1] bien y otras se atasca°. Cuando él escribe sin parar por una hora es porque está contestando una carta de uno

reverse
lilies
damaged
enojado

agarrar... get into it

se... gets stuck

---
[1]Se ve aquí que su español está influido por el inglés. Es un anglicismo.

de sus amigos, esos testamentos de diez páginas que les ha dado° por intercambiarse por correo, reclama mi mamá. Y cuando escribe un ratito y luego hay un silencio largo en su cuarto es porque está pensando en algún problema —como esos home-works que nos da Miss Greenfield— y ya sabemos que en cualquier momento va a bajar, va a dar una vuelta por la cocina destapando° las ollas o va a pasar directamente al yard a regar° sus tomates, diciendo que le sirve° para concentrarse.

    —Apuesto° que tu papá quería ver el noticiero y tú le cambiaste el canal— le dije a Marisol, que ya se había instalado frente al televisor con un paquete de galletas° y los discos de Def Leppard desparramados° por el suelo°, enchufada° en uno de esos programas musicales donde los cantantes cambian de escenario° a cada estrofa°.

    —No, él me dijo que hoy tenía que escribir algunas cartas. Además, el único programa que le interesa es el noticiero de las siete. Yo le fui a decir que por qué no aprovechaba de escribirle también una carta a la abuela y así la traíamos de una vez°, aunque sea de visita. Entonces él se levantó del asiento y pummm... salió. ¿Crees que fue al post office?

    Como no entiendo ni papa° del fútbol americano, y no me hablen del béisbol, sin contar lo difícil que es agarrar° el inglés de las películas (es como hablar masticando° una papa, explica Marta, tratando de imitar alguna frase), la única forma de sacarle el cuerpo° a las preguntas de Marisol es salir a la calle a calentar° un poco los músculos. Aunque esta frase ya no me alcanza ni para metáfora, porque cada vez que me topo° con un espejo veo que he seguido aumentando varias libras° por año, y ya me están asomando° las primeras canas°. Es la verdad más interesante del hombre, celebra Marta, aunque no deja de pasarme un dedo por la aureola de fraile° que también se me va dibujando en la nuca°. Además, cada vez que me decido a salir a correr me encuentro compitiendo con cientos de atletas que no sólo compran las mismas zapatillas Nike, sino que están convencidos de que Eugene es la capital mundial del jogging, y todos y los más modestos se conforman° con ganar el maratón de Nueva York. Al final he optado por entrenarme° en la clásica silla de ruedas de este país, aunque sea para imaginar que vamos a descubrir nuevas rutas, deslizándome por calles rigurosamente diagramadas, con sus semáforos y policías de tránsito regulando el ejercicio, jurándole° fidelidad° a este auto que lucía° tan imponente los primeros días, y que ahora se mueve a saltos°, como un Pinto resfriado°.

Glosses (right margin):

- *les...* **han tenido la idea**
- destapando° — uncovering / regar° — water
- *le...* it helps him
- Apuesto° — I bet
- galletas° — cookies
- desparramados° — spread out / suelo° — floor / enchufada° — plugged
- escenario° — scene / estrofa° — beat
- *de...* once and for all
- *ni...* a thing
- agarrar° — to catch
- masticando° — chewing
- *sacarle...* getting away from
- calentar° — to warm up
- *me...* **me encuentro**
- libras° — pounds
- asomando° — coming out / canas° — gray hairs
- *aureola...* monk's tonsure
- nuca° — nape (of neck)
- *se...* **están contentos**
- entrenarme° — train myself
- jurándole° — swearing / fidelidad° — fidelity / lucía° — shone
- *a...* in leaps
- resfriado° — with a cold

Cuando estaba aprendiendo a manejar y el Chino (que es de Antofagasta[2], y ni él sabe de dónde le cayó el apodo°) me enseñó algunas técnicas básicas de mantención°, como medir° el aire de las ruedas, cambiarle el aceite, ponerle antifreeze al radiador, pensé que sería útil agenciarme° algunas de esas herramientas que él trae en el maletero° de su convertible (éste sí que es convertible compadre, celebra pasándole una manga° ostentosa al capot° de los años de la cocoa°, porque se convierte hasta en cama cuando se presenta la ocasión), me detuve una vez frente a uno de esos letreros que anuncian "Garage Sale", buscando algo extra para equipar el auto. Con una curiosidad que poco a poco se fue convirtiendo en obsesión descubrí que los garage sales consistían en pequeños mercados familiares que los gringos° instalan en el garage o el patio de sus casas, donde ponen a la venta objetos de segunda mano o incluso nuevos, traídos seguramente de sus safaris turísticos o de esas irresistibles liquidaciones° de las grandes tiendas, y que acumulan en sus casas hasta que la pasión ingenua por la novedad los obliga a ofrecerlos por unos pocos dólares para dejar más espacio para otras adquisiciones. En las primeras salidas me dejé llevar° por el entusiasmo, un entusiasmo a precio casi regalado por la variedad de artículos dispuestos en mesitas o depositadas como al descuido° en los prados° de tarjeta postal. Comencé a llevar a la casa inesperados trofeos° que activaban una mirada entre compasiva y recelosa° de Marta: un arado° del tiempo anterior a la gasolina (esa parcela° que tuvimos que vender apresuradamente° en el sur para poder salir a tiempo del país), litografías, anzuelos°, marcos de retratos°, una guayabera° mexicana nueva, que usé hasta en pleno invierno, no tanto para imaginarme cómo nos habría ido en ese país si nos hubiera llegado la visa a tiempo sino para revivir las despedidas° en la Bomba Bar, anotar las direcciones, repasar el lenguaje cifrado° para comunicarnos noticias, y el gringo Hoefler mirando de reojo las sillas vacías, decidido a quedarse hasta el último por alguna secreta razón ancestral, y ahora un brindis° por "El azote° de Puebla", un par de pistolas Colt 45 en imitación de lata°, de esas idealizadas en las novelas de cowboy de un tal Marcial Lafuente Estefanía, que resultó ser luego un español que decidió exiliarse en un rincón de su propio país y que pudo ganarse la vida escribiendo historias de un Far West que diagramaba con la ayuda de un mapa arrancado° de un National Geographic Magazine, discos de Frankie Avalon o Los Cuatro Latinos, y esos best sellers que se desvaloran° tan rápido que hay que arrumbarlos° en una caja a ver si alguien se los lleva gratis, help yourself.

Margin glossary:
- nickname
- maintenance / measuring
- **conseguirme**
- trunk
- sleeve
- hood / *los...* **los buenos tiempos**
- **norteamericanos**
- sales
- *me...* I was carried away
- *al...* carelessly / lawns
- trophies
- apprehensive / plow
- plot of land / hurriedly
- fishhooks / *marcos...* picture frames / shirt
- farewells
- code
- toast / scourge
- tin
- torn out
- *se...* lose value / **ponerlos**

---

[2]Una ciudad en el norte de Chile.

Suspendí mis compras de ocasión° cuando, al volver una tarde con un maniquí° escultural° que merecía estar en mi oficina, encontré a Marta atareada° arrumbando nuestros propios desusos° en el garage, tratando de organizar mejor nuestro espacio:

125   —Si vas a seguir con tu deporte de los garage sales, vale más° que te dejes de coleccionar fantasmas y me consigas algo útil. Hace tiempo que te pedí que me busques unos frascos para conservas° o una aspiradora que funcione, ya que no quieres comprar una nueva.

130

En el tiempo que llevamos fuera de Chile habíamos tenido que cambiar de país dos veces (porque en unos para conseguir visa de residencia hay que tener primero contrato de trabajo, en otros para conseguir trabajo hay que tener primero permiso de

135   residencia, sin contar con que hay otros donde no nos aceptan ni de turistas) y estando en Estados Unidos veníamos recorriendo más de cinco estados, hasta encontrar un trabajo más o menos estable en Eugene. Oregón nos atrajo de inmediato, como un imán° secreto, por su extraordinario parecido° con el

140   Sur de Chile. Nuestros desplazamientos° nos obligaban a hacer y deshacer maletas, vender o regalar los pocos muebles que juntábamos, embalar° y desembalar los libros de Darío, porque eso sí, una debe despedirse de la aspiradora, las ollas, y hasta el juego de loza°, pero al perla° los libros hay que instalárselos en

145   la mejor parte del camión, allá vamos a comprar todo nuevo, m'ijita, no se preocupe. También había que enviarles la nueva dirección a algunos familiares y a los amigos que aún nos reconocen en el mapa, presentar en otra escuela los certificados de colegio y vacunas° de Marisol, quien ya no sabía qué poner

150   en la sección país de origen, optando finalmente por escribir con sus mayúsculas° MARISOL (lo que al menos le garantizaba un puesto° seguro en las clases de geografía), y hasta diseñar una huerta improvisada en el patio de la casa para plantar un poco de cilantro y albahaca°. Porque eso sí, estos exiliados tan

155   orgullosos siempre están dispuestos° a viajar, a "buscar nuevos horizontes", pero donde van siguen suspirando° por las empanadas y humitas[3] que les solía preparar la abuela. Cuando le dio por° los garage sales no me preocupé mucho, porque me parecía una distracción inofensiva y hasta novedosa, pero cuan-

160   do empezó a alabar° ante los chilenos las ventajas de esos "mercados persas°", como los llamaba, tuve que cortarle un poco la afición°, pues los amigos, como me confidenció Hilda, ya nos estaban llamando "Los Persas".

de... bargain
mannequin / statuesque
ocupada
cast-offs

vale... **es mejor**

frascos... canning jars

magnet / similarity
mudanzas

pack

juego... set of dishes / **su esposo**

vaccines

capital letters
place

basil
listos
sighing

le... get hooked on

to praise
Persian
fondness

---

[3]Son platos típicos de Chile.

En la escuela no saben dónde queda Chile, y por eso me llaman a veces Hispanic or Latin. Una vez le dije a la English
teacher que era un país muy bonito, con muchas montañas y
frutas, me sonrió y me dijo que era una gran verdad, que ella
tenía muy buenas memorias de un viaje que hizo a Acapulco.
Quizás no lo ubican° porque en el mapa se ve tan chico, como   locate
un fideo°, y por eso han tenido que salir tantos chilenos a vivir   noodle
en otros países. Pero lo que no entiendo entonces es por qué, si
es tan chico, todo lo que hay allá es tan grande. Cada vez que se
juntan los chilenos en la casa —porque en cada ciudad donde
hemos vivido siempre hay un grupo de chilenos que se llaman
por teléfono todos los días y se juntan a comer—, se dedican a
crear un país que no creo que entre° en ningún mapa. A decir°   **esté** / Namely
que las sandías de allá son mucho más grandes y dulces que
las que venden en Safeway, que las uvas son del porte° de las   size
ciruelas° de aquí, que el Mount Hood no le llega ni a los talones° plums / heels
al Aconcagua[4], que no hay como un caldillo de congrio°, que   *caldillo...* **sopa de pescado**
debe ser un pescado enorme como un tiburón pero que sabe°   tastes
muy sabroso, que el vino que se vende aquí parece tinta° dulce o   ink
la cerveza tiene gusto a pichí, y que no hay comparación entre el
pan amasado° del Sur y las rebanadas° de plástico que venden   hand-kneaded / slices
aquí. Un día se juntaron a discutir una cosa de pasaportes y a
revisar una lista que traía el tío Romilio, inventándose
sobrenombres° que empezaban con la letra L (como Loco,   nicknames
Lampiño, Lolosaurio, Lucifer, Latoso, Libertador de Lanco, y
así)[5]. Nosotros los niños nos pusimos a hacer dibujos. Yo dibujé
una cordillera y se la fui a mostrar a mi papi. Él miró mi dibujo
un largo rato, se puso serio, y luego me corrigió con un lápiz la
cordillera diciendo que era mucho más alta y difícil de cruzar.
No se dio cuenta que también había dibujado un avión. Esa
tarde se dedicó a criticar todo lo que decían los tíos, que así tenemos que llamar a los grandes° pero no porque sean tíos, sino   **adultos**
porque son chilenos que se visitan, a decir que las empanadas
son originarias de China y que la cueca es un baile que llevaron
a Chile desde África. Al final las visitas se enojaron y se fueron, y
uno de los tíos le gritó desde la puerta a mi papi que lo único
que le estaba quedando en claro era que nosotros ahora nos
creíamos persas.

Marisol nos había puesto en aprietos° una vez más con su   *puesto...* put on the spot
lógica inocente, justo ese día de sol y kuchen° de moras° alem-   **torta (alemán)** / blackberries
anas cuando se me ocurrió hacer un comentario sobre

---

[4]Montaña de los Andes, que es la más alta de las Américas.
[5]La letra *L* significa "Listado nacional". Vea la introducción en la
página 135.

205 la harina° que venden en los supermercados y ella aprovechó   flour
para decir: si la abuelita sabe hacer mejor kúchenes, ¿por qué
no vamos a Chile a visitarla? Darío se paró y caminó hacia la
cocina, ¿alguien quiere más café?, dándome esa mirada de
usted-salió-con-el-tema-y-lo-resuelve. Pero como a estas alturas°   point
210 del exilio es difícil explicarle a una niña que creció en este país
lo que significa tener una L en el pasaporte, traté de explicarle
que los pasajes están últimamente° por las nubes°, que el papá   lately / *por*... sky-high
ha estado haciendo esfuerzos por ahorrar dinero, pero apenas°   hardly
estamos en condiciones de comprar un pasaje, y no es justo que
215 viaje a Chile sólo uno de nosotros, ¿verdad? No sé si quedó muy
convencida, pero se comió un pedazo extra de kuchen, estuvo
haciendo figuritas con la servilleta y luego anunció que tenía la
tele reservada hasta las doce.

     Yo aproveché para ir a encerrarme° a la oficina, pero al rato   close myself
220 subió, levantó con curiosidad mis papeles como si estuviera muy
interesada en ver lo que escribo, y luego, mirando por la ventana, me propuso: ¿por qué no invitamos a la abuela a que
venga a pasar el verano con nosotros? Es sólo un pasaje, ¿verdad? Y a una niña a la que se le ha estado pintando por años un
225 país hecho de sabores° y olores° definitivos, de memorias fijas y   tastes / smells
obsesivas, de rostros que parecen estar todavía a la vuelta de° la   *a*... around
esquina, y sobre todo de presencias familiares que van creciendo
a medida que° se alejan en el tiempo, que nos distanciamos, no   *a*... as
se le puede decir de un día para otro que la abuela murió a los
230 pocos meses de tener que abandonar nosotros Chile. Por eso
sólo le sacudí° un poco la chasquilla sabihonda°, es una buena   I patted / *la*... her wise little head
idea señorita, vamos a ver qué podemos hacer, y salí.

     Ese día recorrí varios garage sales, sin buscar nada en espe-
cial, y si me detuve frente a esa casa fue para examinar unas
235 herramientas de labranza° que tenían allí, con los precios cuida-   **trabajo de campo**
dosamente marcados en papelitos blancos, para ver si encontra-
ba algún azadón° para la huerta. Estaba por regresarme cuando   hoe
descubrí a la anciana, instalada en una silla reclinable, con la
vista perdida en un mundo anterior a todos los domingos de
240 preguntas y garage sales. Al principio pensé que era otro
maniquí, puesto artísticamente en la silla para realzar° un vesti-   highlight
do azul, con encajes° de terciopelo°, o la caja de diseños hindú   lace / velvet
que le habían puesto en el regazo°. Pero al acercarme a revisar   lap
unas camisas y observarla de reojo, vi con sorpresa que la figura
245 estiraba° la mano, cogía un abanico° de 25 centavos de la mesa,   stretched out / fan
recuerdo de alguna excursión a Sevilla, y se empeñaba en°   *se*... **insistía en**
abanicarse con movimientos enérgicos, pero con un dejo de
coquetería°.   *dejo*... trace of coquettishness

     El dueño de la casa, viéndome estrujar° el cuello de una   **tocar**
250 camisa sport, se me acercó con una sonrisa de oreja a oreja y la

típica pregunta de supermercado: May I help you? Acto seguido°   *acto...* **inmediatamente**
me aseguró que esas camisas estaban casi nuevas, y que habían
decidido vender parte de sus pertenencias° porque la hija acaba-   belongings
ba de casarse y ellos se mudaban a un departamento. Usted
255 sabe, agregó, a medida que envejecemos° necesitamos menos   we age
espacio.

Por una reacción impulsiva, que ponía en tensión los dile-
mas que me estaban fastidiando°, le pregunté a mi vez, apuntan-   **molestando**
do con el dedo:

260 —¿Y cuánto cobra° por esta abuela?   charge
El ciudadano° me miró con la boca abierta, y luego se metió   **hombre**
rápidamente en la casa.

Inicié rápidamente la retirada°, anticipando una merecida   exit
colección de insultos que me darían una visión más académica
265 del inglés, pero antes de doblar° la esquina sentí que me llama-   turning
ba, con un tono casi dulce. Una señora rubia estaba a su lado,
secándose las manos en el delantal°.   apron

—What about five hundred bucks? —me dijo poniéndome
una mano amistosa° en el hombro, y bajando la voz en los   friendly
270 números, como si fuera la proposición del año.
Tomando mi confusión por cálculo, la señora agregó:

—La verdad es que vale° mucho más. Con decirle que ni   she is worth
siquiera habíamos pensado en venderla.

—Además —terció° el marido— está completamente sana°, y   **interrumpió / de buena**
275 sólo recién ha comenzado a usar anteojos. Hace un mes le hici-   **salud**
mos un chequeo completo, y el médico nos aseguró que vivirá
muchos años más. Así como va, nos pronosticó° el doctor —mi   predicted
hipotético pariente iba a lanzar° una carcajada° aprobatoria°,   let out / laugh / approving
pero la señora se la cortó de un codazo°- capaz° que los entierre°   nudge / **es posible** / bury
280 a ustedes.

—¿De verdad está para la venta?— les insistí perplejo.

—Es que como el departamento es muy pequeño, la única
solución que nos quedaba era mandarla a un centro de
ancianos, y la verdad es que ella, tan acostumbrada a la vida
285 familiar, no merece terminar allí. Nosotros no nos ima-
ginábamos que existía esta otra solución: una familia joven,
llena de proyectos, porque usted, por su acento, debe ser un
inmigrante hispano ¿verdad? que le ofrezca una nueva oportunidad, y en ese ambiente° latino donde se valoran tanto las   environment
290 tradiciones antiguas...

—¿Cuánto puede ofrecer por ella? —agregó la señora—.
Además se la entregamos con todos sus efectos personales, y no
sabe usted todos los objetos valiosos que ha acumulado en su
vida. Incluso le daremos varios artefactos de cocina, porque ha
295 de saber usted que ella suele preparar unos pasteles de manzana

de primera°, con una receta° secreta que heredó° de su madre,   *de...* first rate / recipe / inherited
y le gusta cocinar en sus propias fuentes°.   **ollas**

    Demoramos° un par de horas en la transacción, y luego de   We lingered
convenir° la forma de pago°, decidimos que volvería a buscarla   *luego...* after agreeing upon /
300 en dos semanas. Una decisión prudente, porque hay que tener   payment
en cuenta que estos cambios no se pueden hacer de un día para
otro.

    Esa noche, durante la cena, noté que Darío estaba más calla-
do que de costumbre°, y además se le ocurrió tomar mate°, algo   *que...* than usual / an herb tea
305 que casi nunca hace porque dice que le produce insomnio. Pero
de pronto, mirando a Marisol que se entretenía en dibujar algo
en una servilleta, empezó a proponer, con un entusiasmo de
recién llegado, una serie de cambios en el orden de la casa, y a
preguntar si todavía teníamos la cama plegable° que compramos   folding
310 cuando vino a visitarnos el chilote° Heriberto desde California.   **chileno grande**

    Porque tenemos que preparar un dormitorio extra, le dejé
caer°, gozando por anticipado de la sorpresa: hoy le reservé un   *le...* I hit her with the news
pasaje a la abuela, y viene a visitarnos en dos semanas más.

    Luego salí al patio, porque todavía había luz afuera, y las
315 colinas° que rodeaban el Willamette Valley extremaban° las   hills / heightened
gradaciones del verde hasta confundirlo° con los destellos° dora-   blending / rays
dos del sol. Era como estar otra vez frente al Lago Llanquihue[6],
respirando al ritmo secreto de las estaciones, pero sin estar allá.

    Pero salí también porque quería cerciorarme° que los   **estar seguro**
320 porotos verdes° estaban afirmando° bien sus guías° en las   *porotos...* string beans / clinging /
estacas°, que había pasado ya el peligro de las heladas°, y que el   tendrils / stakes / frosts
azadón que mis inesperados parientes gringos me habían dado
de yapa° era de buena calidad.   **extra**

Actividades de postlectura

A. Comprensión del cuento. En cada uno de los siguientes grupos hay
dos respuestas correctas. Indique cuáles son.

    1. Darío, su esposa y su hija son...
       a. chilenos.   b. exiliados.   c. persas.
    2. Vinieron a los Estados Unidos porque...

---

[6]En el sur de Chile.

    a. quieren hacer fortuna.

    b. tenían que salir de su país.

    c. estaban opuestos al gobierno de Chile.

3. Al salir de Chile, la familia...

    a. vino directamente a los Estados Unidos.

    b. vivió en dos países.

    c. vivió en cinco estados.

4. Sabemos que Marisol es una chica joven porque...

    a. mira la televisión.

    b. asiste a la escuela.

    c. no comprende la nostalgia de los mayores.

5. A Darío le gusta...

    a. juntarse con otros chilenos.

    b. correr en maratones.

    c. ir a garage sales.

6. Los exiliados chilenos...

    a. hablan de Chile con nostalgia.

    b. dicen que todo es mejor en Chile.

    c. hablan de volver a Chile.

7. Darío va a garage sales porque...

    a. tiene mucho dinero para gastar.

    b. ya es una obsesión.

    c. le fascinan.

8. Marisol quiere que...

    a. inviten a la abuela a visitarlos.

    b. vayan a visitar a la abuela.

    c. la abuela le escriba una carta.

9. Marisol no sabe...

    a. que la abuela murió.

    b. dónde está Chile.

    c. lo que significa tener una L en el pasaporte.

10. Cuando Darío pregunta "¿Y cuánto cobra por esta abuela?" en el garage sale, lo hace...

    a. en serio.   b. en broma.   c. esperando que la gente se ofenda.

11. La pareja le vende la abuela porque...

    a. necesita el dinero.

    b. se muda a un departamento pequeño.

    c. cree que será más feliz con una familia que en un centro de ancianos.

12. Darío propone una serie de cambios en la casa porque...

    a. Heriberto viene a visitarlos.

    b. la abuela llega en dos semanas.

    c. hay que acomodar a la abuela.

B. **Las dificultades de ser inmigrante.** ¿Cuáles son algunas de las dificultades que tienen los inmigrantes al adaptarse a la vida de los Estados Unidos? Después de dividirse en grupos, cada grupo tiene que encargarse de explicar con ejemplos *uno* de los siguientes aspectos de la adaptación.

1. la educación norteamericana
2. la nostalgia por su país
3. la lengua
4. la comida
5. la abundancia de cosas
6. la actitud norteamericana hacia los ancianos
7. los estereotipos que tienen los norteamericanos
8. las diferencias de adaptación entre los niños y los mayores

C. **Mesa redonda.** Imagine que un/a extranjero/a o inmigrante les pide que le expliquen los siguientes aspectos de la cultura norteamericana. ¿Qué le dirán? Después de escuchar varias explicaciones, hagan un resumen de las mejores.

1. el "garage sale" o el "yard sale"
2. la obsesión norteamericana por el correr
3. la pasión por la novedad
4. el pan "plástico" en rebanadas
5. los centros de ancianos

D. **Otra perspectiva.** Hasta ahora la abuela no ha dicho nada, ni una sola palabra. En forma de monólogo, cuente la historia desde la perspectiva de ella, dando su reacción a esta curiosa transacción y a la nueva vida que sus hijos le han propuesto.

E. **¡Qué sorpresa!** "Porque tenemos que preparar un dormitorio extra, le dejé caer, gozando por anticipado de la sorpresa: hoy le reservé un pasaje a la abuela, y viene a visitarnos en dos semanas más." Teniendo en cuenta que Marta sabe que la abuela ya murió y que Marisol no lo sabe, ¿cómo van a reaccionar al saber que ella viene a visitarlos en dos semanas más? Con otra persona, creen y presenten a la clase el diálogo que pueda ocurrir entre Darío y Marta y entre Darío y Marisol cuando él les da las noticias.

F. **Temas para conversar o para escribir.**

1. Mi experiencia con un "garage sale" o un "yard sale".

2. Lo que he aprendido de Chile y los chilenos al leer este cuento.

3. ¿Ha vivido Ud. en otro país? ¿Ha viajado a otro país? ¿Cuáles son algunas diferencias culturales que Ud. ha experimentado?

4. Creo que "Garage Sale" es un cuento absurdo / cómico / trágico / satírico / verídico (*true*) porque...

Vocabulario

This vocabulary includes contextual meanings of all the words and idiomatic expressions used in the book except proper nouns, conjugated verb forms, exact cognates, and those ending in *-ción* and *-mente*.

A

a   to, at, in, by
a   base de   on the basis of, based on
cada rato   now and then
causa de   because of, due to
ciencia cierta   definitely
continuación   continued
contraluz   against the light
decir   namely
la derecha   to the right
disgusto   unwillingly
escondidas   secretly
estas alturas   at this point
favor de   in favor of
fondo   deeply, deeper
gusto   comfortable
la izquierda   to the left
la ligera   lightly
lo largo de   along, through
lo mejor   perhaps
medida que   while
menudo   often
partir de   as of, from this (*moment, date*)
pesar de (que)   despite
propósito   deliberately

punto de   about to
solas   alone
tal punto   at that (such) point
toda luz   obviously
través de   through, by way of
veces   sometimes
la venta   on sale
la vez   at the same time
voluntad   at will
abajo (de)   under, below
abandonar   to leave, abandon
abatido/a   worn out, exhausted
abertura (la)   opening
abierto/a   open
abismo (el)   abysm
abogado/a (el / la)   lawyer
aborrecer(se)   to abhor, dislike
abotonarse   to button
abrazar   to embrace
abrigo (el)   overcoat
abrir(se)   to open
   camino   to make way (for oneself); to succeed
abrumado/a   overwhelmed
absorbente   absorbing

absorbido/a   absorbed
absorto/a   absorbed, engrossed
abuelo/a (el / la)   grandfather, grandmother
aburrirse   to become bored
acabar   to end, finish
   acabar de + *inf.*   to have just + *inf.*
acalorado/a   heated
acariciar   to caress
acaso (el)   chance, accident
acaso   *(adv.)* perhaps
acción (la)   action
acelerador (el)   accelerator
acelerar   to accelerate
acera (la)   sidewalk
acerca de   about
acercamiento (el)   approach
acercarse a   to get close to, draw near
acertar (ie)   to do the right thing; to guess correctly
aclarar   to clarify; to declare
acoger   to welcome
acogedor/a   welcoming
acomedido/a   obliging
acometer(se)   to be overcome
acomodarse   to accommodate oneself, find a comfortable position

acompañante (el / la) companion

acompañar to accompany

acomplejado/a perplexed

aconsejable advisable

aconsejar to advise

acontecimiento (el) event, happening

acordarse (ue) to remember, recall

acostar(se) (ue) to lie down; to go to bed

acostumbrado/a accustomed, used to

acrecentarse (ie) to grow, increase

acto (el) act, action; act of a play

de presencia appearance

actriz (la) actress

actualidad (la) present time

acudir to assist, support; to attend

acumular to accumulate

acusado/a (el / la) accused, defendant

adecuado/a adequate

adelantado/a ahead

adelantamiento (el) passing, going ahead

adelantar(se) to hold out; to go ahead, go forward

adelante forward

adelanto (el) advance

ademán (el) gesture

además furthermore, besides, too

adinerado/a rich, wealthy

adiós good-bye

adivinar to guess

adjudicar(se) to award

adquirir (ie) to acquire

adquisición (la) acquisition

advertir(se) (ie) to warn; to notice, notify

aeropuerto (el) airport

afán (el) zeal; desire

afanado/a zealous

afectar to affect

afeitar(se) to shave

afeitado/a shaved

aferrarse (ie) to grab, hold on

afición (la) liking, fondness

afirmar(se) to affirm; to secure

afligido/a afflicted; suffering; distressed

aflojar(se) to loosen

agachar(se) to bend over

agarrar to grab, grasp, seize, take hold of

agitar to stir; to agitate

agobiar to overwhelm

agotado/a worn out, exhausted

agradable pleasant, agreeable

agradecer to thank, be grateful

agravar(se) to aggravate, make worse

agregar to add

agridulce bittersweet

agua (el) water

aguamanil (el) wash basin

aguantar to endure, tolerate

aguardar to wait

ahí there

ahogar to drown; to smother; to choke

ahogue (el) drowning (out)

ahora now

mismo right now, right away

aire (el) air

al — libre outdoor

aislado/a isolated

ajeno/a alien; another's

ajustar to adjust

al: — cabo de at the end of

contrario on the contrary

fin at last, finally, eventually

fin y al cabo after all; when all is said and done

final at the end

lado de next to

principio at the beginning

mismo tiempo at the same time

ala (el) wing

alabar to praise

alameda (la) tree-lined drive; poplar grove

álamo (el) poplar tree

alargado/a tall

alarmarse to get alarmed

alborotar to make a lot of noise

alboroto (el) confusion, disorder, hubbub

alcalde (el) mayor

alcaldesa (la) mayor

alcance (el) reach

al — within reach

alcanzar to reach

alcoba (la) bedroom

alegrar(se) to make happy

alegría (la) happiness

alejar(se) de to remove to a distance, go away from

alfombra (la) carpet

algo something; (adv.) somewhat

algodón (el) cotton

alguien someone, somebody

algún, alguno/a some, any, someone; (pl.) some, a few

alguna vez sometime

alianza (la) wedding ring

aliento (el) breath

alimentación (la) food, feeding

alimentar to feed

alimento (el) food

alineado/a in a row

alinear(se) to be lined up in a row

aliscafo(el) hydrofoil (Arg., Urg.)

allá there, over there

más — (el) the other world

más — (adv.) beyond

allí there, over there

almohada (la) pillow

almuerzo (el) lunch

alrededor (de) around

altavoz (el) loudspeaker

altivez (la) haughtiness

alto/a upper, high, tall

lo alto top

altura (la)   height
alumno/a (el / la)   student
alzar   to hold up, lift up
— **la vista**   to look up
ama de casa (el)   housewife
amabilidad (la)   friendliness
amable   kind; friendly
amanecer (el)   dawn
amante (el / la)   lover
amante   (*adj.*) loving
amar   to love
amargar   to embitter
amargo/a   bitter
amarillo/a   yellow
amasar   to knead (*dough*)
ambiente (el)   environment, atmosphere
ambiental   environmental
ambigüedad (la)   ambiguity
ambos/as   both
amenaza (la)   threat
amenazar   to threaten
ameno/a   friendly
amigo/a (el / la)   friend
amistad (la)   friendship
amistoso/a   friendly
amor (el)   love
amplio/a   ample
analizar   to analyze
ancho/a   broad, wide
anchura (la)   width
anciano/a (el / la)   elderly person
anda(te)   run along
andar   to walk, go, move along
anglosajón/ona   Anglo-Saxon
angustia (la)   anguish
angustioso/a   anguished
anhelado/a   yearning
anillo (el)   ring
ánima (el)   soul, spirit
animar(se)   to liven up; to get lively; to encourage
ánimo (el)   mood; spirit; courage
anochecer   to get dark
anotar   to take note of; to jot down
ansiosamente   anxiously

ante   before (*something or someone*)
anteojos (los)   eyeglasses
antepasado (el)   ancestor
antepenumbra (la)   semi-darkness
anterior   prior, previous
antes de (que)   before
antigüedad (la)   antiquity
antiguo/a   ancient, old
antipatía (la)   antipathy, dislike
antónimo (el)   antonym
anunciar   to announce
anuncio (el)   advertisement, announcement
añadir   to add
año (el)   year
apagar   to turn off
aparato (el)   apparatus, appliance
aparcería (la)   tenant farm
aparecer   to appear
aparición (la)   appearance, apparition
apariencia (la)   appearance
apartar   to separate, take aside
apasionadamente   passionately
apelativo (el)   surname
apellido (el)   surname
apenas   hardly, only
aplastante   crushing, overwhelming
aplomo (el)   poise
apodar   to give a nickname
apoderado (el)   agent
apodo (el)   nickname
aportar   to contribute
apoyar   to support; to lean, rest
apoyo (el)   support
aprender   to learn
apresurar(se)   to hurry
apretado/a   squeezed
apretar(se) (ie)   to squeeze
aprobar (ue)   to pass (*a course*)
apropiado/a   appropriate

aprovechar(se) (de)   to take advantage (*of*)
aproximadamente   approximately
apuntar   to make note of, write down
apurar(se)   to hurry, rush
aquel, aquello/a   that, those (*at a distance*)
aquí   here
arañar   to scratch, claw
árbol (el)   tree
arcaico/a   archaic
arco iris (el)   rainbow
arder   to burn
arduo/a   arduous, hard
arenque (el)   herring
argumento (el)   plot, story line
ario/a   Aryan
arma (el)   weapon
armar   to put together; to create
    escándalo   to make a fuss
armonía (la)   harmony
armonioso/a   harmonious
arrancar   to start up; to dash off
arrastrar   to drag, pull; to trail
arreglo (el)   arrangement
arrestar   to arrest
arriba   up, above
arriesgar   to risk
arrojar(se)   to throw
arrugar   to wrinkle
arruinar   to ruin
arrumbar   to stow away; to store
asaltar   to assault (*fig.,* to strike suddenly)
asegurar   to assure
asentado/a   settled
asentir (ie)   to agree
asesinato (el)   murder, assassination
asesino/a (el / la)   murderer, killer, assassin
asfalto (el)   asphalt

asfixiado/a asphyxiated
así thus, so
asiento (el) seat,
asignatura (la) course, subject
asistir to attend
asociar to associate
asomar(se) to lean out
asombrar(se) to be astonished, amazed
asombro (el) surprise
asombroso/a amazing, astonishing
áspero/a harsh
aspiradora (la) vacuum cleaner
aspirar to exhale
astrónomo (el) astronomer
asunto (el) matter, issue
asustado/a frightened
asustarse to be frightened
atacar to attack
ataque (el) attack
atardecer (el) late afternoon, dusk
atareado/a busy
atender (ie) to take care of, wait on; to attend
atento/a attentive
aterrado/a terrified
atmósfera (la) atmosphere
atraer to attract
atrapar to trap
atrás behind
atravesar (ie) to pass through
atreverse a to dare to
atribuir to attribute
atropellado/a run over
atroz atrocious
audaz audacious, daring
aula (el) classroom
aumentar to increase
aun, aún yet, still
aunque although
aureola (la) ring, halo
ausencia (la) absence
ausente absent
autoritario/a authoritarian
avanzar to advance, go forward

avenida (la) avenue
aventar(se) (ie) to throw oneself into
aventura (la) adventure
avergonzar(se) de to be embarrassed for (*of, about*)
ayer yesterday
ayuda (la) help
ayudante (el / la) helper, assistant
ayudar to help
ayuntamiento (el) city hall
azadón (el) hoe
azúcar (el) sugar
azul blue
azuleado/a bluish

B

bachiller (el / la) high school graduate
bailar to dance
bajar to come down; to turn down (*the volume*)
bajito/a very short
bajo under
balancear to balance
balcón (el) balcony
balsa (la) raft
banco (el) bank; bench
banda (la) band; stripe
banderín (el) pennant
bandido/a (el / la) bandit
bañar(se) to bathe
baño (el) bath; bathroom
barajar(se) to muddle together
barba (la) beard
barbaridad (la) very foolish act, great mistake
   ¡Qué —! How awful!
barco (el) boat
barra (la) arm of a chair
barrio (el) neighborhood
bastante enough, quite
bastarse to have enough
bastón (el) cane
basura (la) trash, garbage

batalla (la) battle
batir(se) to beat, whip; to pound
beber to drink
belleza (la) beauty
bello/a beautiful
beneficio (el) benefit
besar to kiss
beso (el) kiss
bestia (la) beast
besugo (el) porgy (fish)
bíblico/a biblical
biblioteca (la) library
bien well; okay
bienvenida (la) welcome
bife (el) slap (*Arg.*)
bifurcarse to fork (*a road*)
bigote (el) mustache
billete (el) bill (*currency*)
blanco/a white
   en blanco blank
blancura (la) whiteness
blindado/a armored
blusa (la) blouse
boca (la) mouth
bocina (la) horn
boda (la) wedding ceremony
boleto (el) ticket; check
bolígrafo (el) pen
bolsa (la) bag, handbag
bolsillo (el) pocket
bolsón (el) bag
bombardeo (el) bombing raid
bonito/a pretty
bono de consumo (el) meal ticket
boquete (el) hole
borde (el) edge
borracho/a drunk
borrar to erase, rub out
borroso/a muddy, cloudy
bosque (el) woods, forest
botar to throw out
bote inflable (el) lifeboat
botella (la) bottle
botón (el) button
brazo (el) arm
breve brief, short
brillar to shine

brillo (el) shine, gleam
bruma (la) mist
bruscamente brusquely
buche (el) gargle
buen, bueno/a good
   Buenos días. Good
     morning.
bufanda (la) scarf, muffler
bulto (el) bundle, bulk
burla (la) joke
burlarse de to make fun of
burlón/ona joking, mocking
burocracia (la) bureaucracy
burro (el) donkey
buscar to look for
búsqueda (la) search

C

caballero (el) gentleman, sir
caballete (el) roof ridge
cabaña (la) cabin
cabello (el) hair
cabeza (la) head
cabezal (el) headrest
cada each
   —uno/a a lo suyo to each
     his/her own
cadena (la) network; chain
cadera (la) hip
caerle bien / mal to like /
   dislike
caer(se) to fall
café (el) café; coffee
cafetera (la) coffee pot
cafetucho (el) sordid café
caída (la) fall
caído/a fallen
caja registradora (la) cash
   register
cajero/a (el / la) cashier
cajita (la) little box
cajón (el) drawer
calceta (la) knitting
calcular to figure, calculate
cálculo (el) calculation;
   calculus
calefacción (la) heat
calidad (la) quality
caliente hot

calizo/a containing lime
   (mineral)
callar(se) to become silent
calle (la) street
callejón sin salida (el) dead-
   end (street)
calmarse to calm down, stay
   calm
calor (el) heat, warmth
calosfrío (el) shiver
calvo/a bald
calzada (la) street
cama (la) bed
camarero/a (el / la) waiter/
   waitress; cabin steward
cambiante changing
cambiar to change
cambio (el) change
caminar to walk
camino (el) road
camisa (la) shirt
campera (la) windbreaker
   (jacket)
campestre country (*adj.*)
campo (el) country, rural
   area
   de deportes (el) sports
     field
canal (el) channel
canalla (el / la) despicable
   person
cancel (el) curtain
canción (la) song
cansado/a tired
cansar to tire; to bore
cantidad (la) quantity
cañada (la) ravine
caos (el) chaos
caótico/a chaotic
capacidad (la) capability
capacitado/a capable,
   competent
capaz capable, competent
capítulo (el) chapter
cara (la) face
característica (la)
   characteristic
¡Caramba! Good heavens!
carcajada (la) burst of
   laughter

carecer (de) to lack
carey (el) tortoise shell
carga (la) burden
cargado/a loaded, burdened
cargo (el) job, task
caricia (la) caress
cariz (el) appearance
carne (la) flesh, meat
carnet (el) card
caro/a expensive
carpintero/a (el / la)
   carpenter
carrera (la) career; course of
   study; race
carretera (la) road, highway
carta (la) letter
cartelera (la) poster, sign
cartón (el) cardboard
casa (la) house
   editorial (la) publishing
     house
   a home
casamiento (el) wedding;
   marriage
casarse to get married
cascado/a cracked
casco (el) helmet
casi almost, nearly
caso (el) case
castaño/a brown, chestnut
categoría (la) class; category
catorce fourteen
cauce (el) channel (water)
causar to cause
cautamente cautiously
cauteloso/a careful, cautious
ceder to give in, yield; to
   hand over
cédula (la) document
celeridad (la) rapidity,
   quickness; promptness
celo (el) zeal
celoso/a jealous
cena (la) supper
cenicero (el) ashtray
centímetro (el) centimeter
centro (el) center
cepillazo (el) brushing
cerca de near, close to
cercano/a nearby

cerciorar to make sure
cerrar (ie) to close
   a medio — half-closed
certeza (la) certainty
cerveza (la) beer
cesar to cease
chalupa (la) Mexican dish
chaqueta (la) jacket
charla (la) chat
che hey you (*Arg.*)
cheque (el) check
chequera (la) checkbook
chico/a (el / la) boy/girl;
   fellow; child
chicotazo (el) lash
chillar to scream
chillón/ona loud, flashy
chiquillo/a (el / la) child
chisme (el) gossip
chistar to joke, say
   something funny
chiste (el) joke
chocar to collide, crash
chorrear to gush forth
chulesco/a fresh, sassy
ciego/a blind
cielo (el) sky; heaven
ciencia (la) science
científico/a (el / la) scientist
ciento hundred
cierre (el) lock
ciertamente certainly
cierto/a true
cifra (la) number; figure
cigarrillo (el) cigarette
cinco five
cincuenta fifty
cine (el) movie theater
cinematografía (la)
   filmmaking
cinta (la) line, ribbon
cinturón (el) belt
circo (el) circus
círculo (el) circle
circunloquio (el)
   circumlocution
cita (la) date
citación (la) summons
citar to summon; to make a
   date

ciudad (la) city
ciudadano/a (el / la) citizen
clara de huevo (la) egg
   white
claramente clearly
claridad (la) light, clarity
claro of course
clase (la) type, kind; class
clavado/a fixed; nailed
clavar to nail
clave (la) key (*to
   understanding a code,
   mystery*)
claxón (el) horn
cliente (el / la) customer,
   client
clima (el) climate
coartada (la) alibi
cobijado/a sheltered
cobrar to earn; to charge; to
   collect
cobro (el) bill
coche (el) car, automobile
cochecito (el) baby carriage
cocina (la) kitchen
codazo (el) nudge with the
   elbow
código (el) code
coger to grab, take hold of;
   to catch
coincidir to agree; to
   coincide
cola (la) line; tail
coleccionar to collect
colega (el / la) colleague
colegio (el) school
cólera (la) anger
colgar (ue) to hang up
colocar(se) to place, situate,
   locate
comentar to talk about,
   comment on
comenzar (ie) to start, begin
comer to eat
comercio (el) business,
   commerce
cometer to commit
cometido (el) task, duty
cómico/a funny, humorous
comida (la) meal

comisaría (la) police station
comisura (la) corner of the
   mouth
comité (el) committee
como as, like
   no of course
   si as though
¿cómo? how?
comodidad (la) comfort
cómodo/a comfortable
compañero/a (el / la)
   classmate; companion
compañía (la) company
comparación (la)
   comparison
comparecer to appear in
   court
compartir to share
compás (el) rhythm
competencia (la)
   competition
competir (i) to compete
complacencia (la) pleasure
complacido/a pleased
complejo/a complex
componer(se) to compose
comprar to buy
comprender to understand
comprensión (la)
   comprehension
comprobar (ue) to see; to
   prove
comprometerse to commit
compromiso (el)
   engagement;
   commitment
comunidad (la) community
con with
   descuido carelessly
conceder to concede, admit
concentrarse to concentrate
concertar(se) (ie) to
   arrange, agree upon;
   to plot
conciencia (la) conscience
concierto (el) concert
conciliar to conciliate,
   reconcile
concurrencia (la) agreement
condenado/a condemned

condenar to condemn
conductor/a (el / la) driver
conejito/a (el / la) bunny rabbit
conejo/a (el / la) rabbit
conexión (la) connection
conferencia (la) lecture
conferir (ie) to confer, bestow
confesar (ie) to confess
confiado/a confident
confianza (la) confidence
de trustworthy
confiar (en) to trust
confidencia (la) confidence
confitería (la) café
conformarse to agree, conform; to make do
confortante comforting
confundido/a confused; embarrassed
confundirse to be embarrassed, bewildered
confusamente confusedly
conocer to know
conocido/a known
bien — well known
conocimiento (el) knowledge
conquistar to conquer
conseguir (i) to get, obtain
consejo (el) council; advice
conservar to preserve, maintain, keep
consigo with him, her, them, you
consistir (en) to consist (of)
constituir to constitute
construir to build, construct
consultorio (el) medical office
consumidor/a (el / la) consumer
consumir to consume
contaminación (la) pollution, contamination
contar (ue) to count; to tell
contemplar to contemplate
contemporáneo/a contemporary

contener (ie) to contain, hold
contestación (la) answer
contestar to answer
continuidad (la) continuity
continuo/a continuous, continual
contra against
contrabandista (el / la) smuggler
contrariado/a opposed; annoyed; obstructed
contrario/a opposite
contrarrestar to counteract
contribuidor/a (el / la) contributor
contribuir to contribute
convencer to convince
convencimiento (el) conviction; convincing
convenir (ie) to be convenient, suitable, advisable
conversar to chat, converse
convertir(se) (ie) to become
convidar to invite
convincente convincing
convivir to live with
coñac (el) cognac
copa (la) stemmed wine glass
copia (la) copy
copiar to copy
copo de nieve (el) snowflake
coraje (el) courage
corazón (el) heart
corbata (la) tie
cordal inferior (el) wisdom tooth
cordillera (la) mountain range
coro (el) chorus
correcto/a correct; well-mannered, polite
correo (el) mail
correr to run
corriente (la) current
cortaplumas (el) pocket knife
cortar(se) to cut
corte (la) court

cortesía (la) courtesy, politeness
cortésmente courteously
cortina (la) curtain
cortinados (los) drapes
corto/a short
cosa (la) thing
costado (el) side
costar (ue) to cost; to be difficult
trabajo to be difficult
costumbre (la) custom
cotidiano/a daily
coyuntura (la) joint; connection
creador/a (el / la) creator
crear to create
crecer to grow
creciente growing
crecimiento (el) growth
creer to believe
crepúsculo (el) twilight, dusk
criar to raise (*children, animals*)
criatura (la) infant; creature
crispar to set on edge
cristal (el) glass, crystal; window
criterio (el) criteria
crítica (la) criticism
cronológico/a chronological
crujido (el) crunch, creak
crujir to creak
cruzar (se) to cross
cuadra (la) (city) block
cuadriculado/a checkered
cual which, what
cual (el / la) the one that
¿cuál? which? what?
cualidad (la) quality
cualquier/a any
cualquiera (el / la) nobody, insignificant person
cuando when
¿cuándo? when?
cuanto/a as much as
en cuanto as soon as
unos cuantos some

¿cuánto/a?   how much? how many?

cuarenta   forty

cuartilla (la)   sheaf

cuarto/a   fourth, quarter

cubierto/a   covered

cubrir   to cover

cuchara (la)   tablespoon

cucharilla (la)   teaspoon

cuello (el)   neck

cuenta (la)   bill; account

cuento (el)   story

   de hadas   fairy tale

cuero (el)   leather

cuerpo (el)   body

cuestión (la)   issue, matter

cuidado/a   cared for

culpa (la)   blame, guilt

culpable   guilty, to blame

cumplir   to fulfill, comply

cuna (la)   cradle

curiosidad (la)   curiosity

curioso/a   curious, strange

cursiva (la)   italics

cutis (el)   complexion

cuyo/a   whose

D

danzar   to dance

dañado/a   damaged, injured

dar   to give

  con   to come across

  igual   to be all the same, not matter

  gusto   to give pleasure

  las gracias   to give thanks

  pena   to hurt (*emotionally*)

  por sentado   to take for granted

  toda la razón   to agree fully

  un paseo   to take a walk, stroll

  una vuelta   to take a walk; to go for a ride; to go around

  vueltas   to spin (go) around; to pace

darle (a alguien) por (algo)   to obsess about (something); to get hooked on (something)

darse cuenta de (que)   to realize; notice

dato (el)   data, fact

de   of, from, about, by, to, with, as

  aquí para allá   here and there

  confianza   trustworthy

  costumbre   as usual, habitual

  dos en dos   two at a time

  edad   elderly

  frente   ahead, head-on

  hecho   as a matter of fact

  hoy en adelante   from now on

  hueso colorado   to the core

  improviso   suddenly

  nuevo   again

  prisa   quickly, rapidly

  pronto   soon

  punta   on edge

  reojo   out of the corner of the eye

  repente   suddenly

  rigor   obligatory, necessary

  súbito   suddenly

  todos modos   anyhow, anyway

  una vez para siempre   for once and for all

  veras   really, truly

  vez en cuando   once in a while

debajo (de)   under, beneath

deber   to owe; ought to, should, must

deber (el)   homework; duty, task

debido a que   due to, owing to

débil   weak

décimo/a   tenth

decir   to say, tell

declarar   to declare, state

declinar   to decline, deteriorate; to lean

dedicar(se)   to dedicate, devote

dedo (el)   finger; toe

defender(se) (ie)   to manage; to defend

defensor/a (el / la)   defender

dejar   to let, leave

  de + *inf.*   to stop, quit (doing something)

  en paz   to leave in peace, leave alone

dejarse   to allow, permit oneself

delantal (el)   apron

delante   forward

delantero/a   front (*adj.*)

deleite (el)   delight

deletrear   to write (spell) out

delgado/a   slender

delicado/a   delicate

demás   other

  lo —   the rest (of it)

  los / las —   the others

demasiado   too much

demostración (la)   demonstration

denso/a   dense

dentro   inside, within

departamento (el)   department; apartment

depender   to depend

deportivo/a   (*adj.*) sports

depositaría (la)   deposit

deprimirse   to get depressed

derecho (el)   the right

derecho/a   right

  a la derecha   to the right

  derecho   (*adv.*) straight, straight ahead

desabrido/a   bitter, bad tasting

desacuerdo (el)   disagreement

desafiante   challenging; defiant

desafiar   to challenge; to defy

desafío (el)   challenge

desafortunado/a unfortunate, unlucky

desalentado/a discouraged, disheartened

desaliento (el) discouragement

desamparo (el) helplessness

desánimo (el) faintheartedness, discouragement

desaparecer to disappear

desaparición (la) disappearance

desaprovechar to miss, waste (*opportunities*)

desarrollo (el) development

desasirse to free oneself

desastre (el) disaster

desatar to unfasten, untie

desavenencia (la) disagreement

desayuno (el) breakfast

descalzo/a barefoot

descansar to rest

descarado/a shameless

descargar to unload

descariñado/a indifferent

descenso (el) descent

descifrar to decipher, make out the meaning of

descolorido/a discolored

descomunal extraordinary

desconcertante disconcerting

desconfiar to distrust; to suspect

desconocido/a unknown

descontar (ue) to discount

describir to describe

descubierto/a discovered

descubrir to discover

descuido (el) carelessness
con — carelessly

desde since, from; for (*time*)
abajo from below
luego of course, certainly
siempre always; from the beginning of time

desdén (el) disdain

desdicha (la) misfortune

desdichado/a unhappy

desear to desire, wish

desechar to cast aside, discard, throw away

desembocar to flow (go) into

desempeñar to carry out, fulfill

desenlace (el) outcome, ending

desentonar to humiliate; to be unsuitable, out of place

desenvolver (ue) to unwrap

deseo (el) desire, wish

deseoso/a desirous

desequilibrio (el) imbalance

desesperación (la) desperation

desesperado/a desperate

desgajar to break away

desgracia (la) misfortune, bad luck
por — unfortunately

desgraciado/a unfortunate person

deshacer to undo, take apart

deshilachado/a unravelled, frayed

desierto (el) desert

desintegrar(se) to disintegrate

desinterés (el) disinterest

deslavado/a washed out

desliar to unwind

deslizarse to slip away; to slide, slither

deslumbramiento (el) bewilderment

desnudarse to undress

desnudo/a bare, naked

desorden (el) disorder

desorientado/a disoriented

despacio slow, slowly

desparejo/a unmatched

despedir(se) (de) (i) to say good-bye; to take leave of

despertar(se) (ie) to wake up

despiadado/a merciless

despierto/a awake

desplazar(se) to move

desplegado/a unfolded

despojar (de) to shed

despreciar to look down upon, scorn

desprecio (el) scorn

desprender to detach; to let forth, give out

despreocupado/a unconcerned, unworried

después (de) afterwards, later (after)

destapado/a uncovered

destemplado/a loud; inharmonious

destinatario (el) addressee

destino (el) destiny, fate; destination

destruir to destroy

desventaja (la) disadvantage

detalle (el) detail

detener(se) to stop

detenido/a detained

detestar to hate, dislike, detest

detrás (de) behind, in back of

devolver (ue) to return (something)

devorar to devour, consume

diagnóstico (el) diagnosis

diario (el) newspaper

dibujar to draw, sketch

dibujo (el) drawing, sketch

dichoso/a happy, fortunate; blessed

dieciséis sixteen

diez ten

difícil difficult

dificultad (la) difficulty

digno/a (de) worthy

dinero (el) money

dios/a (el / la) god, goddess

dirección (la) address

dirigir to direct

dirigirse a to address, speak to; to go

discernir (ie) to distinguish, discern

disco (el) record

disculpar to excuse; to apologize

discusión (la) argument; discussion
discutir to argue, to discuss
disertar to converse, talk
disfrutar (de) to enjoy
disimular to pretend; to cover up
disimulo (el) pretense
disparar to shoot
disparo (el) gun shot
displicente casual
disponer to decide; to resolve
  de to make use of
disponerse a to be ready to
disponible available
dispuesto/a placed, put in place
  a willing to
distanciar(se) to distance
distinguir(se) to distinguish
distinto/a different
distraer(se) to distract
distraídamente distractedly
distribuir to distribute
disuadir to dissuade
disuelto/a dissolved
disyuntiva (la) dilemma
diurno/a daily
divertir(se) (ie) to amuse; to have a good time, have fun
doblar to fold
doble double
doce twelve
doler (ue) to hurt, ache
dolor (el) pain
  de cabeza headache
dolorido/a painful
dolorosamente painfully
dominar to control
domingo (el) Sunday
el dominio control
donde where
¿dónde? where?
dorado/a gilded, golden
dormido/a sleepy
dormir(se) (ue) to sleep; to fall asleep
dormitorio (el) bedroom
dos two

dosificado/a in proportion, moderate
droga (la) drug
duda (la) doubt
dueño/a (el / la) owner
dulce sweet
  de leche (el) sweet made of milk and sugar
duplicar to duplicate
durante during
durar to last, endure
dureza (la) hardness
duro/a hard

E

e and (*used for* y *before* i-, hi- *but not* hie-)
echar(se) to throw, cast
  a perder to spoil
  atrás to step backward
  de menos to miss
  el cierre to lock
  la culpa to blame
eclipsado/a eclipsed
ecológico/a ecological
edad (la) age
  de — old
edificio (el) building
educado/a educated
  bien — well brought up
  mal — ill-mannered
efectuar to carry out, effect
egoísta (el / la) selfish person
ejemplo (el) example
  por — for example
ejercicio (el) exercise; work, paper
ejército (el) army
el the
él he
elección (la) choice
elegir (i) to choose, select
elevado/a high
ello/a it / her
emanar to emanate
embarazoso/a embarrassing
embrazado/a in the arms

emitir to emit, give forth
emocionado/a moved, touched
empalidecer to become pale
empapar to drench
empavorecido/a panic-stricken
empeñado/a persisting, determined; heated
empeñarse to insist
empeño (el) commitment
empero however
empezar (ie) to begin, start
emplear to use, employ
empleo (el) job
empleado/a (el / la) employee
empleado/a used, spent
en in, on
  blanco blank
  cambio on the other hand
  contra de against
  cuanto as soon as
  cuanto a as for, as to, with regard to
  fin finally, in the end
  seguida right away, immediately
  sí itself
  torno a around
  tromba violently
  vano in vain
  vez de instead of
enamorado/a (de) in love (with)
encarcelado/a imprisoned
encargar(se) to order; to take charge of
encargo (el) task
encarnadizamente cruelly
encarnar to embody
encender(se) (ie) to light; to turn on
encendido/a fiery
encerrado/a closed (locked) up
encerrar(se) (ie) to lock up
enchufar to plug in
encima de on top of
  por — above
encogerse to shrink

de hombros to shrug the shoulders

encomendado/a entrusted

encomendar (ie) to entrust, commit

encontrar (ue) to meet; to find

encuentro (el) encounter

endurecerse to harden

enemigo/a (el / la) enemy

enérgico/a energetic

enervante enervating, weakening

enfadado/a angry

enfadarse to get angry

enfatizar to emphasize

enfermedad (la) illness

enfermo/a (el / la) sick person

enfilado/a in a row

enfrascado/a involved

enfrentar(se) to confront

enfurecer to infuriate

engañar to fool, cheat, deceive

engordar(se) to become fat

engorroso/a difficult

enjuto/a skinny

enloquecido/a crazed, crazy

enmudecer to silence

enojarse to get angry

enorme enormous

enredar to entangle; to complicate

enrojecer to turn red

enseguida right away

enseñanza (la) teaching

enseñar to teach; to show

ensombrecer to darken, get dark

entablar to open, begin

entender (ie) to understand

entendido/a (el / la) expert

enterarse to find out

entero/a entire

entibiar(se) to warm

entonces then, at that time

entrada (la) admission ticket

entrar to enter

　en materia to get down to business

entre between, among

　tanto meanwhile

entregar to deliver, hand over (in)

entretanto meanwhile

entretenido/a entertained, amused, occupied

entretenimiento (el) entertainment

entrevista (la) interview

entusiasmarse to become enthusiastic

envejecer to age, grow old

envenenar to poison

enviar to send

envidia (la) envy

envidioso/a envious

envoltorio (el) wrapping

envolver (ue) to wrap

época (la) period of time

equivaler to be equal to

equivocado/a to be mistaken, wrong

equivocar(se) to be mistaken

errante wandering

erróneo/a erroneous

escalofrío (el) shiver

escapar to escape

escape de gas (el) exhaust fumes

escarabajo (el) beetle

escarmentado/a having learned one's lesson

escarpines (los) baby booties

escaso/a scarce

escena (la) scene

escenario (el) stage, stage set

escoger to choose, select

escolar school (*adj.*)

escombros (los) rubble

esconder(se) to hide

escondido/a hidden

escotilla (la) hatchway (*of a boat*)

escribir to write

escritorio (el) desk; study

escritura (la) writing

escuchar to listen

escuela (la) school

escupidera (la) spittoon

escupir to spit

ese, esa, esos, esas that, those

esfuerzo (el) effort

espacio (el) space

espalda (la) back

　de espaldas with the back turned

espantado/a scared

español (el) Spaniard

especie (la) type, kind, species

espectáculo (el) spectacle, show

espejo (el) mirror

esperanza (la) hope

esperar to hope; to wait

espía (el / la) spy

espiar to spy

espinaca (la) spinach

espíritu (el) spirit

espita (la) faucet, spigot

esplendoroso/a magnificent, radiant

esposo/a (el / la) husband, wife

esquina (la) corner

esta, este, estas, estos this, these

ésta, éste, éstas, éstos this one, these

estable stable

establecer to establish

estación (la) station; season

estado (el) state

estallar to explode

estallido (el) explosion

estancia (la) cattle ranch

estar to be

　de acuerdo to agree

　de espalda to have one's back turned

　dispuesto/a a to be ready to, prepared

　equivocado/a to be wrong

　harto/a de to be fed up with

estatua (la) statue

estereotipado/a stereotyped

estilo (el)   style
estimar   to estimate
estimulante   stimulating
estímulo (el)   stimulus
estirar(se)   to smooth out; to stretch
estómago (el)   stomach
estorbo (el)   nuisance, hindrance
estrado (el)   platform
estrecho/a   narrow, tight
estrella (la)   star
estremecido/a   shaken
estrépito (el)   noise
estructura (la)   structure
estruendo (el)   clamor, noise, uproar
estrujar   to crush
estudiante (el / la)   student
estudiantil   student (adj.)
estudiar   to study
estudio (el)   study, den
estufa (la)   stove; heater
estupendo/a   stupendous
etapa (la)   stage
eufórico/a   euphoric
evaluar   to evaluate
evitar   to avoid
exaltar(se)   to excite, get excited
exceder   to exceed
excitación (la)   thrill
exigir   to demand
exiliado/a (el / la)   exile
exilio (el)   exile
experimentar   to experience
explicación (la)   explanation
explicar   to explain
explorado/a   explored
extensible   extendible
extraer   to take out
extranjero/a (el / la)   foreigner; stranger
extrañado/a   surprised
extrañeza (la)   strangeness
extraño/a   strange
extraño/a (el / la)   stranger
extraviarse   to go astray
extremadamente   extremely
extremo (el)   far end

F

fábrica (la)   factory
fabricación (la)   manufacture
fabricante (el / la)   manufacturer
fábula (la)   fable
facciones (las)   facial features
fachada (la)   facade
fácil   easy
facultad (la)   school (university)
falda (la)   skirt
fallo (el)   verdict
falta (la)   lack
faltar   to lack; to need
famélico/a   starving
familia (la)   family
familiar   family (adj.)
fantasma (el)   ghost, phantom
farmacia (la)   pharmacy, drugstore
faz (la)   face (building, earth)
fe (la)   faith
fecha (la)   date (calendar)
felicitación (la)   congratulation
felicitar   to congratulate
feligrés/esa (el / la)   parishioner, congregant
feliz   happy
fenómeno (el)   phenomenon
feo/a   ugly
fervientemente   fervently
ficticio/a   fictitious
fiebre (la)   fever
fijamente   fixedly
fijar(se)   to fix, set; to notice
fíjese   look here
fijo/a   fixed, set
fila (la)   row
filosofía (la)   philosophy
filtro (el)   filter
fin (el)   end; aim, purpose, object, goal, motive
final (el)   end
finalizar   to finalize
finca (la)   country house, estate
fino/a   fine; sharp

firma (la)   signing, signature
firmar   to sign
firmeza (la)   firmness
fiscal (el / la)   prosecuting attorney
físico/a   physical
flaco/a   skinny
flor (la)   flower
floreado/a   flowered
florecer   to flourish
flota (la)   fleet
flotar   to float
foco (el)   focus; light
folleto (el)   brochure, booklet
fondo (el)   background; depth, bottom
forma (la)   way, manner
forrar   to line; to cover
fortalecer   to strengthen
fósforo (el)   match
foto (la)   photograph
fotografía (la)   photography
fracasar   to fail
fragilidad (la)   fragility
franco/a   frank
franqueza (la)   frankness
frase (la)   phrase, sentence
fraseo (el)   phrasing
fray (el)   friar, brother
frecuentemente   frequently
fregar (ie)   to scrub
frenar   to brake, stop
frente (la)   forehead
  de —   facing
  a   facing, opposite
fresa (la)   (dental) drill
fresco/a   fresh; cool
frialdad (la)   coldness
frío/a   cold
frívolo/a (el / la)   frivolous person
frotar   to rub
fuego (el)   fire
fuente (la)   source
fuera   out, outside
  de lo común   out of the ordinary
fuerza (la)   force
fulgor (el)   glow, light
fumar   to smoke

funcionamiento (el) functioning, working
funcionario/a (el / la) government employee
furtivamente furtively
fútbol (el) soccer

G

gabinete (el) office
gafas (las) eyeglasses
galería (la) corridor, hall; gallery
galletita (la) cookie
gallinazo (el) buzzard
galopar to gallop
ganancias (las) earnings, income
ganar to win; to gain; to earn
ganas (las) desire
garantía (la) guarantee
garantizar to guarantee
garganta (la) throat
gastado/a spent, worn-out
gastar(se) to spend; to use, wear out
gasto (el) expense, expenditure
gatillo (el) forceps
gato (el) cat
gaveta (la) drawer
gemir (i) to groan
generar to generate
generosidad (la) generosity
gente (la) people
gentil nice, kind
gesticular to gesticulate, make gestures
gesto (el) gesture
girar to turn, stir
gobernar (ie) to steer
golfo/a (el / la) street tough
golosina (la) candy, sweet
goloso/a sweet-toothed, greedy, gluttonous
golpe (el) blow
golpear to hit
gordo/a (el / la) fat person
gordo/a fat
gota (la) drop
gozar (de) to enjoy

gozoso/a joyful
grabado (el) print, engraving
grabadora (la) tape recorder
gracia (la) grace
gracias thank you
gran great
   cosa big deal
grande big
grandiosidad (la) grandeur, magnificence
grave serious, grave
gravedad (la) gravity
gresca (la) quarrel
gripe (la) flu
gris gray
grisura (la) grayness
gritar to shout, yell
grito (el) shout
guante (el) glove
guapo/a handsome, good-looking
guardapolvo (el) school uniform; coverall
guardar to put away, save
guardia (el / la) guard
guateque (el) party (*Spain*)
guerra (la) war
guía (el / la) guide
   de teléfono telephone directory
guión (el) script
guiso (el) stew, cooked dish
gula (la) gluttony
gustar to like
gusto (el) taste; pleasure

H

haber to have (*auxiliary verb*)
hábil clever; able, skillful, competent
habilitar to qualify; to enable
habitación (la) bedroom, room
habitante (el / la) inhabitant
habituado/a accustomed, used to
hablar to talk, speak
hace buen tiempo it's good (nice) weather
hacer to do; to make

   a un lado to put aside
   caso to take notice, pay attention
   cola to stand in line
   las compras to shop
   un lío to get into a jam
   por — to be done
hacerse to become
hacia toward
   arriba above, upward
   atrás backward
halagado/a flattered
hallar(se) to find
hallazgo (el) finding, discovery
hambre (el) hunger
harto/a (de) fed up with, tired of
hasta (que) until
hay there is, there are
hecho (el) fact; deed
   y derecho straightforward
heladera (la) refrigerator
helado/a freezing, chilled
hembra (la) female
heredar to inherit
herir (ie) to wound, injure
hermano/a (el / la) brother, sister
hermoso/a beautiful, lovely
herramienta (la) tool
hervir (ie) to boil
hierba (la) grass
hijo/a (el / la) son, daughter
hilera (la) row
hilo (el) thread; line
hinchado/a swollen
hipnótico/a hypnotic
hiriente wounding (*adj.*)
historia (la) history, account; story
histórico/a historical
hocico (el) snout
hogar (el) home
hogareño/a home (*adj.*)
hoja (la) leaf
hombre (el) man
hombrecillo (el) little man (*pejorative*)
hombros (los) shoulders

hondo/a deep
hondura (la) depth
hora (la) hour; time
hormiga (la) ant
hormiguero (el) anthill
horroroso/a horrible,
    dreadful
hosco/a surly
hospedar(se) to lodge
hoy today
hueco (el) hollow; hole, gap
huerta (la) vegetable garden
hueso (el) bone
huevo (el) egg
huir to flee
humanidad (la) humanity
humeante steaming
humedecer to dampen
húmedo/a humid
humillación (la) humiliation
humo (el) smoke
humor (el) mood
    de buen/mal — in a
        good/bad mood
humorístico/a humorous
hundir to sink
hurgar to poke around,
    rummage; to stir up,
    agitate

I

idealizado/a idealized
idioma (el) language, idiom
ignominia (la) ignominy,
    disgrace
ignorar to be unaware of,
    uninformed; to be
    ignorant of
igual(ito) equal, identical
    dar — to be all the same
imagen (la) image
impaciente impatient
impar odd (*number*)
impasible impassive
impedir (i) to impede
imponerse to demand
    attention
importar to matter
    un cuerno not to give a
        damn

impregnado/a impregnated,
    saturated
imprescindible essential,
    indispensable
impresionar to impress
imprimir to print
improvisador/a improvised
impuesto (el) tax
impuesto/a imposed
impulsar to press (*a button*)
impulsivo/a impulsive
inadvertido/a unnoticed
inaudito/a extraordinary
incapaz incapable
incendio (el) fire
incertidumbre (la)
    uncertainty
inclinar(se) to lean; to bow,
    bend
incluir to include
incluso including
inconscientemente
    unconsciously
incontable uncountable,
    innumerable
incorporarse to sit up (*from
    a reclining position*)
incredulidad (la)
    incredulousness, disbelief
indecible unspeakable
indeciso/a indecisive
indefinido/a indefinite
indicar to indicate
indicio (el) indication
indígena (el / la) indigenous,
    native
indignado/a indignant
indigno/a unworthy
indio/a (el / la) Indian
individuo (el) person
índole (la) nature, character
ineficiente inefficient
inesperado/a unexpected
infantil childish, infantile
inferior lower; inferior
inflexión (la) inflection
influir to influence
infortunado/a (el / la)
    unfortunate person
infortunio (el) misfortune

ingeniero/a (el / la) engineer
inglés (el) English
inglés/esa English
ingrávido/a weightless
ingreso (el) entrance; income
inhibir to inhibit
iniciar to begin, start, initiate
iniciativa (la) initiative
injusto/a unfair, unjust
inmediatamente immediately
inmediato immediate
    de — immediately
inmensidad (la) immensity
inmenso/a immense
inmerso/a immersed
inmigrante (el / la)
    immigrant
inmóvil immobile, unmoving
inquieto/a nervous, edgy
inquietud (la) restlessness,
    nervousness
inseguridad (la) insecurity
insinuación (la) hint
insinuar to insinuate
insólito/a strange
insoportable unbearable
instalar to install
instar to urge on
instinto (el) instinct
institutriz (la) governess,
    nursemaid
instrucción (la) instruction;
    direction
integrar to form; to make up;
    to integrate
intentar to attempt, try,
    endeavor
interesante interesting
interesar to interest
interín (el) interim
intermedio (el) intermission
interrogar to question,
    interrogate
interrogatorio (el)
    interrogation
interrumpir to interrupt
intervenir (ie) to intervene
íntimo/a intimate
introducir to insert, put into
intuir to sense

inundar   to inundate, flood
inusitado/a   unusual
inútil   useless
invadir   to invade
invento (el)   invention
investigación (la)
     investigation, research
ir(se)   to go, go away, leave
irónico/a   ironic; satiric
irrumpir   to burst in, break
     into
izquierdo/a   left
     a la izquierda   to the left

J

jalar   to pull
jamás   never
jefe/a (el / la)   chief, boss
joven (el / la)   young man,
     young woman
joven   young
júbilo (el)   joy, jubilation
juego (el)   game
jueves (el)   Thursday
juez (el / la)   judge
jugar (ue)   to play
juguete (el)   toy
juicio (el)   judgment; trial
juntar(se)   to join; to get
     together
junto/a   together
     junto a   next to
jurado (el)   jury
jurídico/a   judicial
justamente   exactly
justicia (la)   justice
justo   exactly, just
juvenil   youthful, juvenile
juventud (la)   youth, young
     people
juzgado (el)   court room; jail
juzgar   to judge

L

laberinto (el)   labyrinth
labio (el)   lip
laboral   (*adj.*) labor
labranza (la)   plowing, farm
     work

lado (el)   side
     al —   next to
ladrar   to bark
ladrón/ona (el / la)   thief,
     robber
lágrima (la)   tear
lambiscón/ona (el / la)
     bootlicker
lámpara (la)   lamp
lanzar   to throw
lápiz (el)   pencil
largo/a   long
lástima (la)   pity
     dar —   to be a pity
lastimar   to hurt
latido (el)   heartbeat
latino/a (el / la)   Latin
     American
latir   to beat (*heart*)
lavar(se)   to wash
leche (la)   milk
lecho (el)   bed
lector/a (el / la)   reader
lectura (la)   reading
leer   to read
legitimidad (la)   legitimacy
lejanía (la)   distance
lejano/a   far off
lengua (la)   language; tongue
lentes (los)   eyeglasses
lentitud (la)   slowness
lento/a   slow
letra (la)   letter; handwriting
levantar(se)   to get up, arise
     la vista   to look up
leve   light, slight
levemente   lightly, slightly
levísimo/a   very light, slight
ley (la)   law
liar   to tie
liberar   to free, liberate
libertad (la)   liberty, freedom
libre   free, empty, open
libreta de calificaciones (la)
     report card
libro (el)   book
licencia (la)   license, permit
licuar   to make liquid
líder (el / la)   leader
ligeramente   lightly, swiftly

ligero/a   light, thin, swift
limón (el)   lemon
limonada (la)   lemonade
limpiar   to clean
limpio/a   clean
lindo/a   pretty; nice
línea (la)   line
lío (el)   jam, mess
liviano/a   light (*weight*)
llama (la)   flame
llamada (la)   call
llamar(se)   to call (oneself)
     llamar la atención   to
          catch (call) attention
llamarada (la)   sudden flush;
     blaze, flare-up
llave (la)   key
llegada (la)   arrival
llegar   to arrive
llenar   to fill
lleno/a   full
llevar   to wear; to carry
     a cabo   to carry out
     razón   to be right
llevarse   to carry away
     bien   to get along well
llorar   to cry
llover (ue)   to rain
lluvia (la)   rain
     de ideas   brainstorm
lo(s) demás   the rest; others
lo más mínimo   in the least
local (el)   place
lograr   to achieve, attain+ *inf.*
     to manage to, succeed in
     (*doing something*)
logro (el)   achievement
lomo (el)   tenderloin, filet
     mignon (*Arg.*)
lucha (la)   struggle, fight
luchar   to fight, struggle
lucir   to display, show off
luego   then, later
lugar (el)   place
lujo (el)   luxury
lujuria (la)   lust
luna (la)   moon; mirror
lunes (el)   Monday
luz (la)   light

M

machete (el) large knife
madera (la) wood
madrastra (la) stepmother
madre (la) mother
madrugada (la) early morning
madrugador/a (el / la) early riser
madurez (la) maturity
maduro/a mature; ripe
maestro/a (el / la) teacher
magnífico/a magnificent
mal educado/a (el / la) ill-mannered person
maldad (la) malice, evil
maldecir to curse
maldición (la) curse
maldito/a damned
maleta (la) suitcase
malla (la) bathing suit (*Arg.*)
malo/a bad
malvo/a mauve
mandar(se) to send (for)
mandato (el) order, command
mandíbula (la) jaw
manejar to drive
manera (la) way
manga (la) sleeve
manía (la) whim; mania; habit
manicomio (el) mental institution
manifestación (la) demonstration
maniobra (la) maneuver
mano (la) hand
  manos a la obra let's get to work
manotear to gesticulate, wave one's arms about
mantener (ie) to maintain, support
mañana (la) morning
mapa (el) map
maquillaje (el) makeup
máquina (la) machine
  de escribir typewriter
mar (el) sea, ocean

maratón (el) marathon
maravilla wonder
maravilloso/a marvelous
marcar to dial (*a telephone*); to mark
marchar(se) to go, walk; to function; to leave
mareo (el) dizziness
marido (el) husband
marina/o marine, ocean (*adj.*)
marrón brown
marrullero/a (el / la) phony
más more
  allá de beyond
masivo/a massive
matar to kill
materia (la) subject
materno/a maternal
matiz (la) shade, nuance
matrimonio (el) marriage; married couple
máximo/a maximum
mayor (*adj.*) older; greater; major; larger
mayordomo (el) butler; steward of a country home
mayoría (la) majority
mecánico/a mechanical
mecer to rock
mediano/a average; middle
medianoche (la) midnight
mediante through, by means of
medicamento (el) medication, medicine
médico/a (el / la) doctor
médico/a medical
medida (la) measure
medio/a average; middle; half
  en medio de in the middle (midst) of
  medio pupilo day student (boarding school)
mediodía (el) midday, noontime
mejilla (la) cheek
mejor better; best
mejorar to improve, get better

melancólico/a melancholy
mencionar to mention
mendigo/a (el / la) beggar
menear to nod
menor less, lesser; younger; minor
menos less
mensaje (el) message
mente (la) mind
mentir (ie) to lie
mentira (la) lie
merecer to deserve
mérito (el) reason, cause
merito/a blessed
mero/a mere
mes (el) month
mesa (la) table
mesero (el) waiter
mesón (el) tavern
meta (la) goal
metáfora (la) metaphor
meter(se) to put in, insert
mezclar(se) to mix
mi me, my
miedo (el) fear
  tener — to be afraid
miembro (el) member
mientras while, meanwhile
mierda (la) filth
migaja (la) crumb
mil thousand
milagro (el) miracle
militar (*adj.*) military
millón (el) million
minar to mine; to undermine; to wear away
mínimo (el) minimum
minoría (la) minority
minucia (la) trifle, small thing
minúsculo/a minute, tiny
mío/a mine
mirada (la) look, glance
miramiento (el) attention
mirar to look at
misa (la) mass (*religious*)
mismo/a same
  sí — oneself
misterio (el) mystery
misterioso/a mysterious

mitad (la) half, middle
mito (el) myth
modalidad (la) way, manner
modificar to modify
modo (el) way
  de todos modos anyway, anyhow
  ni — no way
mojado/a wet
moldear to mold, shape
molestar to bother, annoy
molesto/a bothersome
momentáneamente momentarily
moneda (la) coin
monstruo (el) monster
montaña (la) mountain
montar to set up
montón (el) pile, large quantity
moraleja (la) moral
morder (ue) to bite
morir (ue) to die
mortificar to annoy, irritate, bother
mostrar(se) (ue) to show, demonstrate
motivo (el) reason, motive
mover (ue) to move
movimiento (el) movement
mucamo/a (el / la) servant, butler
muchacho/a (el / la) boy, girl; servant
muchedumbre (la) crowd, multitude
mucho/a a lot, many, much
mudo/a mute
mueble (el) piece of furniture
mueca (la) face, grimace
muela (la) molar (*tooth*)
muerte (la) death
muerto/a dead
muestra (la) sign; sample
mujer (la) woman; wife
multa (la) fine, penalty
mundial worldwide
mundo (el) world
  todo el — everyone, everybody

municipio (el) municipality
muñeca (la) wrist
murmullo (el) murmur
murmurar to murmur
muro (el) wall
museo (el) museum
músico (el / la) musician
muy very

N

nacer to be born
nada nothing
nadie no one, nobody
naranja (la) orange
narcotraficante (el / la) drug dealer
nariz (la) nose
narrador/a (el / la) narrator
narrar to narrate
naturaleza (la) nature
naturalidad (la) naturalness
Navidad (la) Christmas
necesidad (la) necessity
necesitar to need
necio/a foolish
negar (ie) to deny
negar(se) a to refuse to
negociar to negotiate
negocio (el) business
negro/a black
nerviosamente nervously
ni nor
  modo no way
  siquiera not even
ningún, ninguno/a (not) any
niñez (la) childhood
niño/a (el / la) boy, girl
  de pecho nursing child
noche (la) night
nocturno/a night, nocturnal
nomás just, only
nombrar to name; to nominate
nombre (el) name
  de pila given (first) name
norma (la) norm
norte (el) north
nosotros/as we, us
nota (la) grade; bill

notar to note, observe; to jot down
noticia (la) news
noticiario (el) news broadcast
novedad (la) novelty; something new
novela (la) novel
noviazgo (el) engagement; courtship
novio/a (el / la) boyfriend, girlfriend; fiancé, fiancée
nube (la) cloud
nublar(se) to cloud
nudo (el) knot
nuestro/a our
nueve nine
nuevo/a new
  de nuevo again
número (el) number
nunca never
  más never again

O

o or
objeto (el) object
obligar to oblige
obra (la) work
  maestra masterpiece
obrero/a (el / la) worker
obsequiar to bestow, give
observar to observe
obstinado/a stubborn, obstinate
obstinar(se) to persist
obtener (ie) to obtain
obviamente obviously
obvio/a obvious
ocasionar to cause
ocho eight
ocioso/a idle
ocre ocher
octubre October
ocupante (el / la) occupant
ocupar(se) to occupy; to be busy
ocurrencia (la) occurrence, incident
ocurrente (*adj.*) occurring; witty, bright

ocurrir   to occur, happen
odiar   to hate
odio (el)   hatred
ofensivamente   offensively
oficina (la)   office
ofrecer   to offer
oído (el)   ear
oír   to hear
ojalá   hopefully
ojillos (los)   little eyes
ojo (el)   eye
ola (la)   wave
oleada (la)   surge
oler (hue)   to smell
olla (la)   cooking pot
olor (el)   smell, odor, fragrance
olvidar(se)   to forget
omnibús (el)   bus
once   eleven
onda (la)   wave
opaco/a   opaque
operar   to operate
oponerse   to oppose
oprobio (el)   disapproval
optar   to choose, select, opt
opuesto/a   opposite
orden (el)   order, system, method; **(la)**   order, command
ordenado/a   orderly, ordered
ordenanza (el / la)   employee, orderly
ordenar   to put in order; to order
oreja (la)   ear
orgulloso/a   proud
oro (el)   gold
oscurecer   to get dark
oscurecido/a   darkened; hidden
oscuridad (la)   dark, darkness
ostentar   to brag about, boast of; to flaunt
otorgar   to give
otro/a   other, another
otra vez   again

P

pacífico/a   peaceful
padecer   to suffer

padre (el)   father
los padres   parents
padrino (el)   godfather
pagar   to pay
página (la)   page
país (el)   country
paisaje (el)   landscape, scenery
pájaro (el)   bird
palabra (la)   word
pálido/a   pale, pallid
palmera (la)   palm tree
pantalón (el)   pants
pañuelo (el)   handkerchief
papel (el)   paper; role
paquete (el)   package
par (el)   pair
par   even (*number*)
para   for, in order to
que   so that
siempre   forever
parada (la)   (*bus, train*) stop
paraíso (el)   paradise
paraje (el)   place
paralizado/a   paralyzed
parapetar   to take shelter
parar(se)   to stop, halt
pardo/a   gray; brown; drab; dark
parecer   to seem
parecerse   to resemble
parecido/a   alike, similar
pareja (la)   pair, couple
parejo/a   equal, alike
pariente (el / la)   relative
paroxismo (el)   paroxysm
parque (el)   park
párrafo (el)   paragraph
parroquiano/a (el / la)   parishioner; client, customer
participar   to participate
partir   to leave
párvulo/a (el / la)   child
pasado (el)   past
pasaje (el)   (*boat, plane*) ticket
pasajero/a (el / la)   passenger
pasaporte (el)   passport
pasar   to pass; to occur, happen; to spend time

la mirada   to look at
pasarse de la raya   to go too far
pasear   to stroll, walk
paseo (el)   stroll, walk
pasillo (el)   hall, corridor
paso (el)   step; passing
pastilla (la)   pill
patata (la)   potato (chips)
patear   to kick
paterno/a   paternal
patético/a   pathetic
patrón/ona   owner; master; boss
paulatinamente   slowly, gradually
paz (la)   peace
peatón/ona (el / la)   pedestrian
pecado (el)   sin
pecar   to sin
pecho (el)   chest; breast
pedalear   to pedal
pedazo (el)   piece
pedir (i)   to ask for, request
la palabra   to ask to speak
pegajoso/a   sticky
pegar   to stick; to hit
un salto   to leap up
un tiro   to shoot
peinado (el)   hairdo, hair style
peldaño (el)   step (*of a staircase*)
pelear   to fight
película (la)   film, movie
peligro (el)   danger
pelo (el)   hair
pelota (la)   ball
pena (la)   pain, suffering; grief
pendiente   pending, unresolved
pensamiento (el)   thought, thinking
pensar (ie)   to think
pensativo/a   thoughtful
pensión (la)   guesthouse, boarding house
alimenticia   alimony

penúltimo/a   next-to-last
penumbra (la)   semidarkness
peor   worse, worst
pequeño/a   small, little
percibir   to perceive
perder (ie)   to lose; to miss
pérdida (la)   loss
peregrino/a   strange, odd, rare
perfeccionar   to perfect
periódico (el)   newspaper
periodista (el / la)   reporter, journalist
perito/a (el / la)   skilled worker
perjudicar   to harm
permanecer   to stay, remain
permanencia (la)   permanence
permiso (el)   permission, permit
pero   but
perplejo/a   perplexed
perro (el)   dog
perseguir (i)   to pursue
persona (la)   person, individual
personaje (el)   character (*in a story or movie*)
pertenecer   to belong
pesadilla (la)   nightmare
pesado/a   heavy
pesadumbre (la)   weight
pesar   to weigh
　a — de   despite, in spite of
pese a   in spite of
peso (el)   weight; monetary unit
pestañas (las)   eyelashes
petrificado/a   petrified
pez (el) (*pl*. peces)   fish
piadoso/a   compassionate
picado/a   choppy (*said of the sea or waters*)
pie (el)   foot
piedad (la)   pity, mercy
piedra (la)   stone
piel (la)   skin
pierna (la)   leg
pieza (la)   piece, part; room
pintar   to paint

pintor/a (el / la)   painter
pintoresco/a   picturesque
pintura (la)   paint; painting
pinzas (las)   forceps, tweezers
pirámide (la)   pyramid
piso (el)   floor
pista (la)   clue
pitada (la)   puff (*of a cigarette*)
pitillo (el)   cigarette (*slang*)
placer (el)   pleasure
planchado/a   ironed
plantear   to state
platillo (el)   saucer
plazo (el)   time period
población (la)   population
poblado/a   populated
pobre   poor
poco/a   little, bit, few
　a poco   little by little
　poca cosa   nothing much
poder (ue)   to be able, can
poder (el)   power
poderoso/a   powerful
poesía (la)   poetry
polémica (la)   dispute, controversy
policía (la)   police
policíaco/a   (*adj.*) police
política (la)   politics
político (el / la)   politician
político/a   political
polvo (el)   dust; powder
　de tiza   chalk dust
polvoriento/a   dusty
pomo (el)   small bottle
poner   to put, place; to set
ponerse + *adj.*   to become, turn
　de acuerdo   to reach an agreement
　de pie   to stand up
　en marcha   to start moving
　pesado/a   to become difficult, annoying
por   for, through, by
　casualidad   by chance
　causa de   because of, due to

　completo   completely
　desgracia   unfortunately
　ejemplo   for example
　el contrario   on the contrary
　encima de   above, on top of
　escrito   written, in writing
　favor   please
　fin   at last
　hacer   yet to be done
　lo menos   at least
　lo tanto   therefore
　lo visto   evidently, apparently
　medio de   by means of, through
　otra parte   on the other hand
　otro lado   on the other hand
　si acaso   just in case
　siempre   forever
　supuesto   of course
　una parte   on the one hand
porque   because
porquería (la)   filth, rubbish
portafolios (el)   briefcase
portar(se)   to behave
portátil   portable
portero/a (el / la)   caretaker; doorman
poseer   to possess
posibilidad (la)   possibility
posterior   later, after, subsequent
postizo/a   false
postre (el)   dessert
potente   strong
práctica (la)   practice
precioso/a   beautiful; precious
precipitadamente   hastily, recklessly
precipitar(se)   to hurtle
precisar   to need
preciso/a   necessary; precise
precolombino/a   pre-Columbian

preferir (ie)   to prefer
pregunta (la)   question
preguntar   to ask a question
prejuicio (el)   prejudice
premio (el)   prize, award
prender   to turn on
preocupar(se)   to worry
preparativo (el)   preparation
presagio (el)   foreboding
presencia (la)   presence
presentar   to present, introduce
presentimiento (el)   premonition, foreboding
presentir (ie)   to foresee
presión (la)   pressure
presionar   to press, apply pressure
prestar atención   to pay attention
presumir   to be pretentious
pretender   to try for
pretextar   to give as a pretext
prevalecer   to prevail
prever   to foresee
previo/a   previous, prior
primaria (la)   elementary school
primavera (la)   spring
primero/a   first
primicia (la)   first finding
primo/a (el / la)   cousin
principio (el)   principle
prisa (la)   haste, hurry, rush
   de —   quickly, rapidly
privado (el)   bathroom
probar (ue)   to try; to taste
procurar   to procure
profesar   to profess
profundidad (la)   depth
progenitor/a (el / la)   ancestor; forebear
prohibido/a   prohibited
promesa (la)   promise
prometedor/a   promising
prometer   to promise
pronóstico (el)   forecast
pronto   soon; quickly; promptly

   de —   hastily, hurriedly; suddenly
pronunciar   to pronounce
propio/a   one's own
proponer   to propose
propuesta (la)   proposal
protagonista (el / la)   main character
proteger   to protect
protegido/a   protected
protestar   to protest, declare
provisto/a (de)   provided with
próximo/a   next
proyección (la)   projection, showing
proyectar   to project
proyecto (el)   project
prueba (la)   proof
psíquico/a   psychic
publicado/a   published
publicidad (la)   publicity
pudoroso/a   shy
puente (el)   bridge
puerta (la)   door
pues   well; but
puesto/a   put, placed
pulcro/a   neat, tidy
pulir   to polish
pullman (el)   armchair
pulsera (la)   bracelet
punta (la)   point; tip
punto (el)   point
   en —   on the dot
   muerto   stalemate
puntuación (la)   punctuation
puntualidad (la)   punctuality
puñado (el)   handful, fistful
puñal (el)   dagger
puño (el)   fist

Q

que   that, which, who, whom
¿qué?   what? which?
   había (hay) de malo?
      What's wrong with it (that)?
   tal?   How are you? How's it going?
quebrar (ie)   to break

quedar bien   to be on good terms
quedar mal   to come out badly, look bad
quedar(se)   to stay, remain; to be left over
queja (la)   complaint
quejarse   to complain
quejido (el)   moan
quemar   to burn
querer (ie)   to want, wish, desire; to like; to love
querido/a   dear
quien   who, whom
¿quién?   who?
quieto/a   quiet, still
quince   fifteen
quinceañera (la)   fifteen-year-old girl
quinto/a   fifth
quisquilloso/a   touchy
quitar(se)   to remove, take off
quizás   perhaps, maybe

R

racha (la)   gust of wind
radicar   to be situated
radiografía (la)   X-ray
ráfaga (la)   gust
rama (la)   branch (*tree, plant*)
rapidez (la)   rapidity
raptar   to kidnap
rapto (el)   kidnapping
raqueta (la)   racquet
raro/a   strange; rare
   rara vez   seldom, infrequently
rasgado/a   almond-shaped
rasgos (los)   (*facial*) features
rato (el)   while
raya (la)   stripe
rayo (el)   ray
raza (la)   race
razón (la)   reason
   dar la —   to agree with
razonado/a   reasonable
reaccionar   to react
realidad (la)   reality
realista   realistic
realizar   to fulfill, carry out

realzar to raise
reanudar to resume
reaparecer to reappear
rebeldía (la) rebelliousness
rebosar to burst; to overflow
recado (el) message
recelo (el) distrust
receloso/a apprehensive
receta (la) prescription; recipe
recetar to prescribe
rechazar to reject
recibir to receive
recién (*adv.*) recent; just
 nacido newborn
recitar to recite, read out
reclamar to demand
recobrar to recover, regain
recoger to pick up
recomendar (ie) to recommend
recompensa (la) reward
recomponer to put back together
reconocer to recognize
reconocimiento (el) recognition
reconstruir to rebuild, reconstruct
recontar (ue) to recount
recordar (ue) to recall, remember
recorrer to go through, go around
recorrido (el) journey
recreo (el) recess; recreation
recrudecer to flare up
recto/a straight
recuerdo (el) remembrance, memory; souvenir
recuperar to recover
redactar to write
redentor/a redemptive
redondo/a round
reducido/a reduced, diminished
reemplazar to replace
referir (ie) to refer; to narrate
reflejar(se) to reflect
reflejo (el) reflex

refrán (el) refrain, saying
refresco (el) soft drink; refreshment
refugiar to seek refuge, take shelter
refugio (el) refuge, shelter
regalar to give a present
regalo (el) present, gift
regir (i) to rule, reign
registro (el) register; registry
regla (la) rule, regulation
regresar to return
regreso (el) return
rehuir to avoid, shun
reír(se) to laugh
 a carcajadas to roar with laughter
relación (la) list; relationship
relacionado/a related
relacionar to relate
relámpago (el) flash of lightning
relampaguear to flash
relatar to relate, report, tell
relieve (el) relief; emphasis
reloj (el) watch, clock
 despertador alarm clock
relucir to shine
remedio (el) remedy
remunerado/a paid
rencor (el) rancor, animosity
rendir (i) to take
rengo/a lame
renitente recalcitrant
renuente (*adj.*) reluctant, unwilling
reparación (la) repair
repasar to review, go over
repaso (el) review
repetir(se) (i) to repeat
reponer to reply, retort
reportaje (el) news report
representante (el / la) representative
reproche (el) reproach
reptar to crawl
repugnancia (la) repugnance
requerir (ie) to require
requesón (el) cottage cheese

requisito (el) requirement
reseña (la) review
resfriado (el) cold
residencia (la) residence; dormitory
resignado/a resigned
resolver (ue) to resolve
resoplar to puff, breathe hard
resorte (el) spring
respaldo (el) back (*of a chair*)
respeto (el) respect
respiración (la) breath
respirar to breathe
resplandor (el) splendor, brilliancy
responsabilidad (la) responsibility
respuesta (la) answer, response
restañar to stop the flow
restar to subtract, take away
restaurar to restore
resto (el) rest, remainder
restringido/a restricted
resultados (los) results
resultar to result; to come about, happen
retapizar to reupholster
retener (ie) to retain
retentiva (la) memory
retirar(se) to remove, take away, withdraw; to retire
retornar to return, give back
retraer to retract
retrasado/a delayed
retroceder to step back
reunión (la) meeting, get-together
reunir(se) to join, unite, get together
revelar to reveal
reverberante reverberating
revisar to examine, inspect, look over, check
revistar to cover
revuelo (el) agitation
rey (el) king
rico/a rich, wealthy; delicious

riesgo (el) risk
rincón (el) corner
riñón (el) kidney
río (el) river
risa (la) laughter
ritmo (el) rhythm
roble (el) oak tree
rociar to sprinkle, spray
rodar (ue) to roll
rodeado/a surrounded
rodear to surround
rodilla (la) knee
rogar (ue) to plead, beg
rojo/a red
romper to break, tear
  cascos to crack skulls
ronda (la) round
ropa (la) clothes
ropaje (el) clothing
rosado/a pink, rosy
rostro (el) face
rotura (la) breaking
rozar to graze
rubio/a blond
ruborizarse to blush
rubro (el) title, heading
rueda (la) wheel; circle
rugido (el) roar
rugir to roar
ruido (el) noise
rumbo (el) course, direction
ruso/a (el / la) Russian
ruta (la) route

S

sábado (el) Saturday
saber to know
sabio/a wise
sacar to take out
sacerdote (el) priest
saco (el) jacket, sport coat
sacrificar(se) to sacrifice
sacudir to dust, shake out,
  shake off
sádico/a sadistic
sala (la) living room;
  classroom

  de espera waiting room
saladito (el) nibble
salida (la) exit
salir to leave
  bien to come out well
salón (el) living room
salpicar to splatter
saltar to burst forth; to leap,
  jump
salto (el) jump, leap
salud (la) health
saludar to greet
saludo (el) greeting
salvaje (el / la) savage
salvar(se) to save
salvo except
San Saint
sangre (la) blood
satírico/a satirical
satisfacer to satisfy
satisfecho/a satisfied
secar(se) to dry
seco/a dry
secuestrar to kidnap; to
  hijack
secuestro (el) kidnapping;
  hijacking
seguidos/as in a row, one
  after the other
seguir (i) to continue; to
  follow
  + gerund to continue
   (*doing something*)
según according to
segundo/a second
seguramente surely
seguridad (la) security,
  certainty
seguro/a sure
  estar — to be sure
seis six
selva (la) jungle
semáforo (el) traffic light
semana (la) week
semblante (el) face; look,
  appearance
semejante similar
sencillo/a simple
senda (la) path, trail

sendero (el) path, trail
sensibilidad (la) sensitivity
sentado/a seated
sentar(se) (ie) to seat; to sit
sentencia (la) sentence,
  judgment
sentido (el) feeling, sense
sentir(se) (ie) to feel
señal (la) sign, signal
  luminosa traffic light
señalar to point out, indicate
señor/a (el / la) Mr., Mrs.;
  man, woman
señoría (la) seniority
señorita (la) Miss; young
  woman
separado/a separated
ser to be
ser (el) being
  humano human being
serenidad (la) serenity
serie (la) series
serio/a serious
serpiente (la) serpent, snake
servicio sanitario (el)
  bathroom
servilleta (la) napkin
servir (i) to serve; to be good
  (used) for
seto (el) hedge
sexagenario/a (el)
  sexagenarian, sixty-year-
  old
si if
sí yes
  mismo/a himself, herself,
   oneself
siempre always
  desde — usually
  para — forever
siglo (el) century
significado (el) meaning,
  significance
signo (el) sign, signal, mark,
  symbol
siguiente following
silbar to whistle
silencioso/a silent
silla (la) chair

sillón (el) armchair
   de resortes chair with
     springs
silueta (la) silhouette
simpatía (la) niceness
simpático/a nice, pleasant
simulacro (el) mock, sham
sin without
   embargo however,
     nevertheless
sincronizado/a synchronized
sinfonía (la) symphony
sino but (*negative*)
sinónimo (el) synonym
síntoma (el) symptom
sinvergüenza (el / la)
   scoundrel
siquiatría (la) psychiatry
siquiera at least
   ni — not even
sirviente/a (el / la) servant
sitio (el) place, site
situado/a situated
situar to put, situate, locate
soberano/a great
sobrante surplus, excess
sobrar to be more than
   enough; to be left over
sobre (el) envelope
sobre over, on top of, above
sobrecoger to frighten
sobrehumano/a superhuman
sobrenombre (el) nickname
sobrepasar to exceed
sobreponerse to overcome,
   rise above
sobresaliente outstanding
sobresaltado/a startled
sobrevivir to survive
sofocar to suffocate
sol (el) sun
solamente only
soledad (la) solitude,
   loneliness
soler (ue) + *inf.* to be in the
   habit of, or accustomed
   to (*doing something*)
solitario/a (el / la) solitary
   person

solitario/a solitary, alone
sollozar to sob
sollozo (el) sob
solo/a alone
sólo only
soltar (ue) to let go, let out
sombra (la) shade; shadow
sombrero (el) hat
someter to subject
sonar (ue) to sound
sonido (el) sound
sonreír (i) to smile
sonriente smiling
sonrisa (la) smile
sonrojar(se) to blush
soñar (ue) (con) to dream of
   (about)
soplar to blow
soportar to tolerate, stand for
sorber to sip
sorbo (el) sip
sordo/a deaf
sorprendente surprising
sorprender(se) to surprise,
   be surprised
sospecha (la) suspicion
sospechar to suspect
sospechoso/a (el / la)
   suspect, suspicious person
sostener (ie) to hold up,
   sustain
sostenido/a held up
sótano (el) basement, cellar
suave gentle; smooth, soft
subir to go up; to get on
   (*transportation*)
súbito quickly, immediately
suceder to happen, occur
suceso (el) event, happening
sucio/a dirty
sudar to sweat
sudor (el) sweat, perspiration
sudoroso/a sweating, sweaty,
   perspiring
suelo (el) ground
suelto/a loose
sueño (el) dream; sleep
suerte (la) luck, chance;
   destiny; type, kind

sufrir to suffer
sugerencia (la) suggestion
sugerir (ie) to suggest
suizo/a Swiss
sumamente very
superfluo/a superfluous
superior upper, higher
supermercado (el)
   supermarket
suplirse to make up for
suponer to suppose
supuestamente supposedly
sur (el) south
surgir to burst forth
suscitar to cause, provoke
suspirar to sigh
suspiro (el) sigh
sustantivo (el) noun
sustituir to substitute
susto (el) scare, fright
   ¡Qué —! What a scare
     (fright)!
sustraer(se) to take away,
   remove
susurrar to whisper, murmur
suyo/a his, hers, yours

T

tabaco (el) tobacco
tacto (el) touch
tal so, such, as
   como just as
   vez perhaps
   y como just as
talón (el) heel (*foot*)
tamaño (el) size
tambalear to stagger, reel,
   totter
también also
tampoco neither, either
tan so, as
tantear to compare; to
   consider, examine
tanto/a (como) so much, so
   long, so far (as)
tapa (la) cover
tapado/a covered
tapar to cover
taquigrafía (la) shorthand

tardar (en) to be long, take a long time
tarde late
tarde (la) afternoon
tarea (la) task, job; homework
tarifa (la) price, cost
tarjeta (la) card
taza (la) cup
teatro (el) theater
tecla (la) key (*piano, typewriter*)
teclado (el) keyboard
técnica (la) technique; technology
técnico/a (el / la) technician
tejer to knit
tela (la) cloth, fabric
telaraña (la) spider web
teléfono (el) telephone
tema (el) theme, subject, topic
temblar (ie) to tremble, shake
temblor (el) tremor
tembloroso/a trembling, shaking
temer to fear
temor (el) fear
tempestad (la) storm, tempest
temprano/a early
tendero/a (el / la) shopkeeper, storekeeper
tender(se) to stretch out
tener (ie) to have
  en cuenta to keep in mind
  cuidado to be careful
  ganas de + *inf.* to feel like (*doing something*)
  miedo to be afraid
  no — otra salida to have no other recourse (way out)
  paciencia to have patience
  que ver (con) to have something to do (with)
  razón to be right
tenuemente slightly
teológico/a theological
teoría (la) theory
tercer/o/a third

terciar to intervene; to mediate
terciopelo (el) velvet
terminar to end, finish
término (el) term, word, expression
  medio average; middle ground
ternura (la) tenderness
terquedad (la) stubbornness
terraza (la) terrace
terrón (el) lump; cube
testigo (el / la) witness
ti you
tibio/a lukewarm
tiempo (el) weather; tense; time
  a un — at once, at the same time
tienda (la) store, shop
tierra (la) land
tímidamente timidly
timidez (la) timidity
tinta (la) ink
tinte (el) hue, tint, color
tío/a (el / la) uncle, aunt
típico/a typical
tipo (el) type; fellow, guy
tirar to throw, toss
  de to lean toward; to prefer
tirón (el) pull, tug
titubear to hesitate
titubeo (el) hesitation; stammering
titular(se) to title
título (el) college or professional degree; title
tiza (la) chalk
tobillo (el) ankle
tocante a about
tocar to touch; to play (*an instrument*)
  a mí me toca it's my turn
tocayo/a (el / la) namesake
todavía still, yet
todo/a all
  en (por) todas partes everywhere
  todo el mundo everybody, everyone

tolerar to tolerate, endure, stand
tomar to take; to drink; to ingest
tómelo con calma take it easy
tónica (la) tendency
tono (el) tone
tontamente foolishly
tontería (la) foolishness, nonsense
tonto/a foolish, silly
topográfico/a topographical
torcer (ue) to twist
tormenta (la) storm
torturado/a tortured
tos (la) cough
total after all; anyhow
trabajar to work
trabajo (el) work
traer to bring
  a colación to bring up (*in a conversation*)
tráfico (el) traffic
tragar to swallow
trago (el) swallow, gulp
traidor/a (el / la) traitor
traje (el) suit
trajeado/a dressed in a suit
trama (la) plot (*of a story*)
trámite (el) procedure, formality; paperwork
tranquilidad (la) tranquility
tranquilizar to tranquilize, calm
tranquilo/a tranquil, peaceful, quiet
transcurrir to pass, go by, elapse
transformar(se) to transform
transmitir to transmit
transparencia (la) transparency
transpiración (la) perspiration
trapo (el) rag
tras after, behind
trascendente transcendent, of great importance

traspasar to pass through
trastornar to upset, disturb
trastorno (el) upset, disturbance
tratar(se) to treat; to use; to act, behave
tratar de + *inf.* to try to + *inf.*
treinta thirty
tres three
trescientos/as three hundred
tricota (la) sweater
triste sad
tristeza (la) sadness
triunfo (el) triumph
trocarse to be confused
tromba (la) water spout
tropezar (ie) (con) to stumble, trip; run into
tropiezo (el) obstacle
trozo (el) piece
tu your
tú you
turbado/a disturbed, perturbed
turístico/a touristic
tutearse to address each other as **tú**
tuteo (el) **tú** form of address
tuyo/a yours

U

u or (*before* **ho-** *or* **o-**)
ubicar to locate, situate, place
últimamente lately
último/a last, final
umbral (el) threshold
un/o/a a; one
por — one by one
unánime unanimous
único/a only; unique
unir(se) to get together, join
universitario/a (*adj.*) university
uña (la) fingernail, toenail
usado/a used
usar to use

usted (*formal*) you
útil useful
utilidad (la) utility
utilizar to use, utilize

V

vacaciones (las) vacation
vaciar to empty
vacío/a empty
vacío (el) vacuum, void, emptiness
vago/a vague, nebulous
vaho (el) breath; vapor
vaina (la) thing
   es la misma — it's all the same
valer to be worth
   la pena to be worthwhile
valerse de to make use of
valija (la) suitcase
valioso/a worthy, valuable; highly esteemed
valor (el) value, worth
vanidoso/a vain
vapor (el) steam
variedad (la) variety
varios/as various
varón (el) male
vaso (el) drinking glass
vaya indeed
   al grano get to the point
vecino/a (el / la) neighbor
vehemente vehemently
veinte twenty
veintidós twenty-two
vejez (la) old age
velocidad (la) velocity
vencido/a defeated; expired
vendedor/a (el / la) salesperson
vender to sell
vendido/a (el / la) sellout
venganza (la) revenge
venir to come
venta (la) sale
ventaja (la) advantage
ventana (la) window
ventanal (el) large window
ventanilla (la) small window

ver to see
verano (el) summer
verdad (la) truth
verdadero/a true, real, genuine
verde green
vereda (la) sidewalk
vergüenza (la) shame
vertiginosamente rapidly, suddenly; dizzying
vesícula (la) gall bladder
vestido (el) dress
vestido/a dressed
vestir(se) (i) to dress
vez (la) time
viajar to travel
viaje (el) trip
viajero/a (el / la) traveller
víctima (la) victim
vida (la) life
viejo/a old
viernes (el) Friday
vigilar to watch, guard, keep an eye on
vino (el) wine
violento/a violent; strong
virtud (la) virtue
visitante (el / la) visitor, guest
visitante (*adj.*) visiting
vislumbrar to see vaguely, catch a glimpse of
vista (la) sight; view
vitalidad (la) vitality
vivaz lively, vivacious
vivienda (la) housing, dwelling
vivir to live
vivo/a live, alive; bright
volar (ue) to fly
volcado/a spilled; tipped over
volumen (el) volume
voluminoso/a voluminous
volver (ue) to return
   a empezar to start over again
   a + *inf.* to do again
voraz voracious

voseo (el)   **tú** form of address in some countries

vosotros/as   you (*pl.*)

voz (la)   voice

en — alta   aloud

vuelo (el)   flight

vuelta (la)   turn; return

dar una —   to take a walk

dar vueltas   to go around, revolve

Y

y   and

ya   now, already

yo   I

Z

zaparrastroso/a   like a ragamuffin

zapatero (el)   shoemaker

zapato (el)   shoe

zarandeado/a   rushed

zona (la)   zone, district, area, region

zoológico (el)   zoo

Text Credits

Art Credits

Domitila, Bernardita Zegers. Kactus Foto, Santiago, Chile/SuperStock

Cabeza de niño, Cabeza de niña (3), José Segura Ezquerro. Courtesy of www.alexlib.com/segura

Uxmal Observatory: SuperStock

Intriga, Miguel Bustingorri

Teens: Spencer Grant/The Picture Cube

Woman of Love and Integrity, Linda Vallejo

Interior, Hernán Miranda. Kactus Foto, Santiago, Chile/SuperStock

Collector, Gonzalo Cienfuegos. Private Collection/Kactus Foto/SuperStock

Junta militar: © Fernando Botero, **Junta Militar**, 1971, courtesy, Marlborough Gallery, NY

Knowledge Has Its Base in Energy, Without Energy Knowledge Is Not Possible II, Xul Solar. Courtesy Xul Solar Foundation/Galeria Rubbers, Buenos Aires

Chicano Park: Inga Spence/The Picture Cube

The Immaculate Conception, Bartolomé Esteban Murillo. Hermitage Museum, St. Petersburg, Russia/Bridgeman Art Library, London/SuperStock

Alto Riesgo, Ernesto Bertani. Zurbaran Galeria, Buenos Aires/SuperStock

Garage Sale: Aneal Vohra/The Picture Cube